国家出版基金项目
NATIONAL PUBLICATION FOUNDATION

THE CITY
A World History

城市
一部世界史

[美] 安德鲁·里斯◎著

黎云意◎译

城市史
译丛

上海三联书店

位于马来西亚吉隆坡的双子塔，高 1483 英尺。虽然双子塔是世界上最高的双塔式建筑，但许多单体摩天大厦的高度已经超越了它。摩天大厦出现于19 世纪晚期的芝加哥，并流行于 20 世纪早期的纽约。

书中插图、地图系原文插图。——译者注

献给琳恩，我多年挚爱的知识与生活伴侣。

FOREWORD | 总

序

第二次世界大战后,科技革命引起了整个社会从生产方式到生活方式乃至思维方式等各个层面的深刻变革,而战后经济复苏又推动了西方世界城市化进程进一步向纵深发展,城市学随之兴起并走向繁荣。之所以如此,正如法国《年鉴》杂志 1970 年《历史学与城市化》专号里所说,"近年来城市的发展让所有的人文科学都行动了起来,这不仅仅是为了设计城市开发方案,构思城市特殊病理之救治药方,还为了在更深层次上有意识地、科学地探究看上去对我们社会至关紧要的物和事"。

在这种"普罗米修斯式"的大合唱中,历史学当然不能缺位。20 世纪 60 年代,美国和英国先后召开两次城市史会议,会后出版的两本会议论文集《历史学家与城市》和《城市史研究》为现代城市史研究奠定了重要基础。也是在这一时期,美国爆发了城市发展危机,随后兴起的"新城市史"力图从社会的维度廓清城市化进程带来的变革与挑战。一批年轻的史学家聚集在史蒂芬·瑟恩斯托姆周围,采用计量方法研究城市的社会流动、少数群体政治、市中心贫民窟,以及工作与休闲之间严峻对立等问题。与此同时,以马克思主义理论为指导的"新马克思主义城市学"也开始应运而生,其代表人物主要有亨利·勒费弗尔、大卫·哈维、曼纽埃尔·卡斯特尔等。他们主张在资本主义生产方式理论框架下去考察城市问题,着重分析资本主义城市空间生产和集体消费,以及与此相关的城市社会阶级斗争和社会运动。

总的说来,西方城市史学的发展基本上与各个国家和地区的城市发展历程相适应。作为一门基础学科,历史学之于城市发展的功用不容轻忽。首先在现实层面,城市发展规划和城市问题的解决,能够通过反思城市发展的历史找到合理的方案或正确的办法。就宏观的城市化进程而言,西方发达国家业已经历的城市化历史，能够为尚处于城市化初级阶段或高速发展阶段的国家和地区提供有益的经验或教训；就微观的城市建设而言，一个城市在发展历史上表现出的特性能够为该城市的特色发展提供有益的指导，某一城市的发展历程也能为其他城市的多样化发展提供有益的借鉴。其次在精神层面，了解城市的历史能够帮助我们更好地理解和适应一个城市。不同的城市在风俗、观念、饮食、语言乃至建筑风格方面都会有差异，其原因只有回溯这个城市的历史才能给出解答；生活在城市里的人们需要了解他们所生活的城市的历史，唯有如此，他们才能与城市更好地融为一体，在感知城市过去的心理历程中展望城市的未来。

当下之中国，城市化进程正如火如荼地进行着，传统农村社会正向城市社会急剧转型，这对城市的快速、健康发展发起了挑战，也对国内学界的城市研究提出了要求。在此背景下，国内城市史研究逐步兴起，并呈蓬勃发展之势。有鉴于此，我们不揣浅陋，怀"他山之石，可以攻玉"之初衷，策划译介一批西方学界城市史研究方面的代表性作品，希冀在增益国人有关城市知识的同时，能在理论模式建构、研究方法综合和研究面向选择等各个方面为国内学界的城市学研究提供些许借鉴或启迪。

陈恒、洪庆明

2017 年 5 月 25 日

CONTENTS｜目　录

编者序言

本书为"新牛津世界史"丛书之一,这套新颖的丛书以广博、生动与时新的视角书写世界史以及人类在"旧"世界历史中经历的重要变化。就在几年前,世界史还通常意味着只是以欧洲与美国为主的西方历史,关于世界上其他地区的阐述比较稀少。有一部分"旧"世界史著作专注描述除欧美以外的各地区历史,这类世界史著作往往会使读者形成如此印象,不管如何,"其他地区"只是由拥有不同习俗与语言的异国民族构成的;还有一类"旧"世界史的书写主要关注世界各地伟大文明的丰功伟绩,人们可以从中知悉有关恢宏建筑、影响深远的世界性宗教、强势统治者等等各类知识,但其中极少涉及平民百姓甚至是普遍性的经济与社会模式。全世界人类之间的相互作用也往往仅被学者们从一种视角进行阐述。

本丛书书写的世界史则与众不同。首先,它是综合性的,范围涵盖了世界上所有国家及地区,且审视的是整个人类的经历,甚至是那些被排除于伟大文明以外的人类历史。"新"世界历史学家们共有的兴趣便是全球人类的历史,有的将时间追溯到尚未有人类书写记录的几百万年以前,有些"新"世界史研究还拓展到全宇宙,学者们以"大历史"的视角聚焦自宇宙大爆炸以后历史的戏剧性转变。如一位学者表述的那样,当今世界史的"新"全球性框架就如同人们站在月亮上俯瞰地球一样占据优势,我们对此表示赞同,但是我们也想采用近距离观察的方式来分析与重建全人类的重要经验。

这并不意味着整个时间段中发生在世界各地的所有事件都能够被还原或值得知晓。但是,许多不同社会与文化中或独立或相关的过去获得了关注,在它们彼此之间建立联系也是"新"世界史中另一大主题。"新"世界史强调各方面,包括文化、经济、政治、宗教与社会中的民族、地区与进程的连通性与交互性,并对它们加以比较来寻找相似之处。重视比较与交互的研究对发展全球框架都是至关重要的，它可以帮助人们对有关特定的国家、地区和整个世界的历史理解变得更深入与广博。

新世界史作为一门学科，它的兴盛恰逢其时。学校及公众对世界历史充满着浓厚的兴趣，我们去往另一个国度旅行，与世界各地人群的交流与工作都受到全球性事件的影响。战争与和平，经济形势，人们所处国家的环境状况、通讯、健康以及医疗都影响着全世界人口。"新牛津世界史"丛书展示了各地区历史学家立足于全球背景，以一种普通人的目光概述全球事件的状况。地方与全球的结合将进一步勾勒出新的世界历史面貌。理解全球与地方的历史情况为我们提供了一种工具，它帮助我们检视身处的世界，并且展望正在形成的互相连通的未来。

邦妮·史密斯(Bonnie G. Smith)

阿南德·杨(Anand Yang)

第一章　早期城市的起源与定址，公元前 3500—前 500 年

最早的城市大部分散播于世界上彼此独立的区域，大约萌芽于公元前4000 年中期，尽管遭受诸多波折，城市的发展还是延续至今。城市从乡村演变为一种崭新的人类定居形式，生活在其中的居民们拥有着彼此相异的祖先与农村同辈。即便很长时间以来，城市中实际上只容纳了世界上极少部分的人口，但它们自建立伊始便对社会产生着深远影响。城市很大程度上强化了城市居民的能力，并且有力地推动着方方面面的革新——技术、政治、文化以及智识。此类发生于城市中的进程促使内陆地区居民之间出现了可比较性的发展，也成为推动普遍意义上文明发展的助力。实际上，文明（civilization）一词来源于拉丁语 civitas，其原始含义正是指城邦（city-state）。

并不是说城市的诞生与影响总是有益的。除了各区域内部有关公共卫生与社会（或反社会）行为的五花八门的恶化问题，城市还相当于引发征战的指挥部。这类问题的出现也成为城市功能强化过程中重要的组成部分。城市，逐渐成为决定人类历史的另一个极为重要的因素，但无论从领土还是人口统计上，城市因素都与城市规模难以均衡。利弊的表现引来大量的赞美或批判，城市在人类发展过程中表现出强大的动力作用。

城市是什么？历史学家与其他领域的学者们通常赞成通过描述城市定居点的多样性来界定其特征。在历史学家们看来，能被视为城市的区域，表现为人口密度相对较高以及相对较大的人口规模。虽然总体上人口增长，但统计的截点值已发生了变化，像古代一些相当密集但只拥有几百人口的定居点，它们通常还是被看作农村而不是城市。因此，规模是关键性的，城市必须是相对紧凑与庞大的。

城市也展现出高度的恒久性。在历史上可考的第一座大城市乌鲁克（Uruk）出现的一千多年后，我们在匿名的诗篇《吉尔伽美什史诗》中发现了对其围墙及神庙的生动描述（可能是对创造城市之神的赞歌）：

> 他修建起拥有环城的乌鲁克城垣，
> 而圣埃安纳神庙正是纯洁的庇护所。
> 瞧瞧那外墙吧，飞檐如红铜般华美。
> 看看那内墙吧，还有何物能与之比拟！
> 抓握那门槛吧，是何等的古老与质朴！
> 再去往伊师塔女神的圣居——埃安纳神庙看看吧，
> 不再会有哪座后世君王的宫殿能与它比肩。
> 攀上乌鲁克的城墙并信步其上，
> 将基石与砖块好好查验，
> 那筑石岂非出于火炼？
> 那筑石岂非七贤奠基？①

这首诗歌表达了对一座伟大城池内部壮美景象的敬畏，这类情感被后世的城市捍卫者再三重现。

很显然，城市交织着兴衰，有时因经济或战争而急剧衰落，即便如此，城市依旧表现出高度的物质恒久性，尤其是街道、建筑物以及其他结构的形态。（在城市的早期与晚期形态中，城市通常被外部的防御围墙分割，尽管在最近的几个世纪里，这种结构几乎完全看不到了，但它们并非销声匿迹，而是不再用来划定一座城市的外部范围。）

最后，尽管城市的法律与政治形式多种多样，某些城市政府的类别，不管是世袭权力、寡头统治或是由广泛的市民群体进行管理，都不过是体现了城市的一个方面。（在法律范畴内将特定城市的所处位置称为自治市，是为区分城市本身与其外部区域进行的简化。不过有些城市规划家将可建设区域远远扩大到自治市以外，譬如，"大"纽约都市圈比目前容纳约 840 万名人口、由五个

---

① James P. Pritchard, ed., *Ancient Near Eastern Texts Relating to the Old Testament*, 3rd ed. (Princeton, NJ: Princeton University Press, 1969), 73.

行政区组成的纽约大了两倍。）

　　虽然所有城市共同拥有某些特点，但城市的类型千差万别。那些最悠久的城市承担了行政功能，成为政治性的首都，其他一些城市（通常毗邻河流或是海洋）则担负着贸易与商业的职责。也有一些城市是工业、宗教与文化的中心。某些城市由于统治者的决策而迅速崛起，与之相反的是，大部分城市是因群体作用而逐步形成的。异质性是城市空间与城市生活最显著的特征。

　　城市的出现与发展极大地依赖于乡村地区的转变。人类如果不是为了获取食物，城市定居点便不会形成。城市兴起的最根本性先决条件是：人类从以箭与矛进行狩猎采集的旧石器时代生活方式转变为新石器时代的农耕生活，人类用尖利的石斧来砍伐树木，用装有石片的锄头来犁地，用骨制或木制的镰刀来收割谷物，用研钵及研杵将谷物研磨成面粉。新石器时代的人类也用燧石制成的小刀宰杀动物来作为食物与衣物。这种转变延续了几千年，约从公元前 9000 年或公元前 10000 年的某个时期开始，到约公元前 4000 年时已散播至全世界大部分地区。随后，大约在公元前 4000 年至前 2500 年，人类开始采用铜合金制成的金属工具进行生产，出现了犁头、锋利的斧子以及小刀。

　　这些技术的发展能够帮助人类进行农作物栽培以及豢养家畜，譬如养殖牛、羊与鸡，这些动物为人类提供肉制品、牛奶和鸡蛋。人们通过种植农作物与豢养动物来供给食物，而不再像从前那样采集或捕捉食物。因此，原本游牧式的生活方式（往往必须消耗当地的食物资源）转变为稳定长久的定居生活。此外，人类也是第一次能够生产出超过自身所需数量的食物。

　　由此，某些社会从对食物需求的生产中解脱出来，转而追求非农业性生产。劳动分工变得越来越普遍。人口的密集促使各类专门性劳动的分化，更多的人投身于生产非食用性产品（例如，用更优质的工具生产出更多的剩余农产品）以及参与其他非农业劳动。人们不仅可以制造、购买和售卖产品，而且可以维持政府部门与宗教仪式了。受君王统治以及由从事文本记录的专业雇员组成的早期政府，逐渐发展成能在大部分情况下确保剩余农产品满足城市精英生活需求的政府，同样也为其他城市居民提供了优渥条件。祭司为人们信奉君权神授式的强权提供襄助，战士们也同样被迫服役于政府，从而投身于军事演习与战争。

4

公元纪年开始前的几千年里，亚洲西南部首次出现城市。乌鲁克率先出现在土壤肥沃的底格里斯河和幼发拉底河流域。随后的几个世纪中，其他地区陆续出现了早期城市，包括从波斯的卡尚到如今土耳其的特洛伊与君士坦丁堡，再到埃及的底比斯。（本图以尼克·利普萨宁［Niko Lipsanen］制作的地图为基础并进行了修改）

　　由于最早的城市兴起先于长途食品贸易的萌芽，城市无疑会聚落于能够保证充足食物生产的地区，也由于农业生产需要丰沛的水资源，以及大部分的城市经济方式是通过水路获得进口商品，早期城市的选址往往位于河谷，即农业生产地的下游。选址于下游有助于货品装船，这些货品通常比向上游城市居民输送的货品更多更重，通过换取上游的进口食品，从而将地区间运输成本降到最低，促进了沿海贸易，有利于更进一步推进适应城市需求的经济专门化。

这些先决条件最先出现在亚洲西南部地区，大概靠近如今的伊拉克与叙利亚北部。古希腊人称这一地区为"美索不达米亚"或者"两河流域"。"两河"是指底格里斯河与幼发拉底河，从如今的农业视角来看，这一区域的土地相对贫瘠，但在古代，那里曾为人类提供过充盈的水资源以及肥沃的土地。居住在美索不达米亚的居民懂得了控制周期性洪水泛滥的方法，并经由沟渠引导河流，从而随时随地地利用水资源，使得农业生产稳步增长。

社会与政治组织管理用水，以及确保剩余农产品的获得，在美索不达米亚城市建立过程中起到了重要作用。城市定居点多半是政治独立的，因而约在公元前 4000 年中期，功能性的城邦开始大量涌现。其中，第一座可证实的城市是乌鲁克，已经被考古学家们广泛挖掘。乌鲁克位于美索不达米亚南部被称为苏美尔的地方，公元前 3600 年其面积为 300 英亩，而到了公元前 2800 年，面积扩大到了原来的七倍多。早在公元前 3200 年，乌鲁克就拥有约 20 000 名居民，是当时世界上最大的城市。到了公元前 2800 年，该城的人口已达到了 50 000 人。

大约在公元前 3000 年的时候，乌鲁克的周边地区也建立起一批城市，包括苏美尔与美索不达米亚北部的巴比伦尼亚与亚述。埃利都、乌尔、拉格什、尼普尔、基什（公元前 2500 至前 2000 年间人口多达 60 000 人）以及尼尼微都演变成兴盛的城市社会。在公元前 600 年，巴比伦从美索不达米亚众城中脱颖而出，成为古代最伟大的城市之一。古希腊历史学家希罗多德在他写于公元前 5 世纪的《历史》一书中，表达了自己被巴比伦的规模与壮观深深折服的感受（尽管他明显夸大了巴比伦的规模）：

　　　　在亚述拥有的众多伟大城市中，最有声望且最为强大的便是巴比伦……这座城市建立在一片广阔的平原之上，形状是正方形的，每一面城墙长达 120 弗隆（15 英里），因此整座城市的周长就有 480 弗隆（60 英里）。这座城市的规模是如此之大，它的宏伟也是无城可及的。首先，它的四周环绕着又宽又深的护城河，河里满盈着水，在护城河的后面则有一面厚约 50 皇家腕尺（约 87 英尺）、高 200 皇家腕尺的围墙。[①]

在公元前 6 世纪，巴比伦成为巴比伦王国的首都，由尼布甲尼撒二世统治，并与北部的米提亚人结成同盟，一同摧毁了亚述帝国的大部分城市。由此，大约拥有 200 000 到 300 000 名居民的巴比伦可谓是世界上第一座巨型城市了。巴比伦建有一条约 63 英尺宽，1 000 多英尺长的祭神甬道，最末尾是 40 英尺高的伊师塔门，围绕巴比伦的是两道宽阔的城墙，连战车驶过时也不会碰到顶部。

美索不达米亚城市的建筑特征明显有别于其他区域的城市。城墙之前往往是护城河，主要是为了军事防御，但也被作为训诫居民与外来者心灵的手段，类似于使人们感受到城市的崇高与力量，从而期望培养人们对城市的忠诚之心以及防范可能的入侵。在城墙之内，最动人的建筑便是城市中尤为重要的庙宇。作为地基的平台将庙宇高高托起，超越城市中其他任何建筑物，这种设计使进入庙宇中的人群会到将会飞入天堂的感受。因为献身崇拜某位神祇，受祭司雇用的手艺人——无论是编织工、陶器工还是珠宝匠，庙宇都为他们的生意提供空间，在那里，作为官僚祭司的抄写员与教师也为自己的事务四处奔忙。除寺庙之外，皇家宫殿也矗立在城市之中，它们见证着被视作半神的君主们的权威。此外，城市中大部分的构造是沿狭窄小巷而建的小平房。这些城市就像后来的许多城市那样，从结构上显示出高度的社会不平等性。

皇家宫殿展现出统治者强盛的地位，其价值体现在将独立的城邦纳入自己版图之内的渐进性领土扩张中（例如巴比伦王国与亚述帝国），然而，城市生活依然培育了城市自治性。受欢迎的公民集会，其中一部分受城市权威掌控，也有一些则在较小的辖区内行使职责，这也是处理民事和刑事案件的法院的起源。时间一久，这些集会中的成员便力图在城市政府中担当重要的职能。不论他们成功与否，集会成为了一种可商讨与辩论公共事务的场所，这些机构内部的活动另外还促成新官僚群体的出现——这些官员成为公民与君主之间的中间人。由于这些官员以及集会的施压，促使城市居民获得免税权，义务从而落到了农村居民的身上，尤其是征税与军事服务。

[①] Herodotus, *The History of Herodotus*, George Rawlinson, trans. and ed. (New York: Appleton, 1885), Bk. 1, Ch. 178.

伊师塔门以司爱情与生育的女神伊师塔之名命名，建于约公元前 575 年，是当时世界上最大的城市——巴比伦城围墙上的一个入口。现在，可以在柏林的帕加马博物馆看到该门的重建结构。Bpk，Berlin/Vorderasiatisches Museum/Art Resource，NY，ART315855.

　　生活在美索不达米亚城市中的人们在发明书写的过程中扮演了重要角色，这些城市成为早期书写的孵化地。公元前 4000 年末期，抄写员们在统治者的指导下使用一种叫楔形文字的文字系统写作，这种文字包含了字母与象形元素。楔形文字的发明极大地促进了城市生活的组织。抄写员在泥板上记录字词，从而满足政府对了解自身及公民权利与义务的需要。巴比伦国王汉谟拉比在公元前 18 世纪颁布的法典是最古老的且已被破译的重要文件之一。它包含 282 条独立的法规，涵盖广泛的法律问题，包括各种工作的工资，倒塌房屋建筑者的债务，家族与家庭关系，继承权，性行为以及义务服兵役。该法典还根据"以眼还眼，以牙还牙"原则，明确了违反法律会遭受的严厉惩罚。虽然大部分文字记录有关法律与政府，但也有不少记录商业交易的档案，其他则有关宗教目的、祈祷、赞美诗或仪式传统。文本之外也有处理政府、经济和宗教问题的记录，以及其他有关科学、数学、医学、历史、文学的智识与文化产物。

　　随着城市在美索不达米亚的建立，其他地区也开始出现具可比较性的城市发展进程。那些地区同样受益于新石器时代革命，它们的地理位置或靠近美索不达米亚，或远至东亚和拉丁美洲。约在公元前 3000 年至前 1000 年中

8

叶，拥有 10 000 人或以上人口的连续性定居点比早前出现在美索不达米亚的城市展现出更多的特质。例如，城市发展与城市和非城市地区之间的贸易关系相关联，这导致商品出口，至少还促进城市形态方面的互相仿效。在城市发展网络区域内，城市同样可以跨地区发展，生活在相对发达地区的人们建立起殖民城市，例如（一些）生活在相对落后地区的居民就服从于他们。不过在大多数情况下，城市的建立是自治性的，即便在广泛变化的时代里，许多城市发展也没有从外部影响中受益。对居住在世界上大部分地区甚至整个大陆的人群而言，建设城市的能力变得显而易见。

两种类型的城市发展促使城市定居点在古美索不达米亚以外的两个地区崛起了，一类位于美索不达米亚的西南部，还有一类从亚洲西南部延伸到亚洲东部。在美索不达米亚的西南部出现了一个独立的文明，虽然仍旧带着受苏美尔人影响的烙印。在横跨尼罗河，距离南部阿斯旺瀑布 600 英里的尼罗河三角洲北部，几个埃及王国（第一个建立于约公元前 3100 年，一位名为美尼斯的征服者成功统一了埃及上下两个区域）的农业不仅受益于尼罗河每年的洪水，也极有可能受益于沿海的贸易路线——从绕阿拉伯半岛的波斯湾再上行至红海。这类促发商业交流的方式都采用美索不达米亚式的施工方式（特别是运用砖块），而且都习惯于运用象形文字进行书写，同样也生产很可能从苏美尔传播到埃及的铜器。苏美尔人的影响在各种方面帮助着古埃及城市的崛起。

尽管如此，古埃及城市与美索不达米亚的城市差异还是很大。例如孟斐斯（美尼斯统治之后不久建立）与底比斯（建立在孟斐斯南部，约公元前 2050 年由统治的新王朝建立），后者比美索不达米亚城市的规模小。此外，不像早期的美索不达米亚城市，古埃及城市并非城邦，它们的功能是作为所处地域国家的首都，因分离式的地理环境使它们能够幸免于附近城邦的军事威胁，所以也无须修建充当防御的围墙。在这些城市中，商业与制造活动相当初级。孟斐斯、底比斯以及其他的古埃及城市主要充当行政与宗教中心，但不是经济中心，领导城市的主要是官僚和祭司，而非商人。即便没有创造出多大的财富，底比斯却展示了自身的实力，城市中包括恢宏壮观的宫殿、庙宇、法老与贵族的陵墓，人口规模也在约公元前 1400 年高达 50 000 到 80 000 人，底比斯的居民就如同居住在一个大都市之中。有人曾将底比斯赞颂为具有代表性的城市地点："她被称为城市，其他所有地方都处于她的阴影之下，唯有凭借她，才能赞美其他城。"①公元前 500 年，非洲其他地区的城市主要集中于埃及南部。公元前 2000 年，小城市克玛（Kerma）出现在今天的苏丹，在它成为埃及的殖民地之前，它一直是克尔曼王国的首都。

埃及城市底比斯、梯林斯（Tiryns）和皮勒斯（Pylos）在贸易帝国中占据着重要位置，这一帝国从位于现代希腊的迈锡尼城市向外辐射，在约公元前 1400 年至前 1200 年达到高峰。不晚于公元前 2000 年末期，城市已经开始出现在希腊大陆，在地中海东部的岛屿之上也已有希腊人居住。最早的一批城市建设者是那些从北方迁移进入这些地区的人们。值得注意的是，他们创造了复杂而巨大的防御工事与宫殿，尽管如此，那些建筑还是逐渐黯然失色，很可能是发生在公元前 1000 年前后北方多利安人的侵略造成的。

公元前 3000 年，城市也开始在地中海东海岸涌现，其中一小部分出现在现在的黎巴嫩和叙利亚，古代曾称为腓尼基。这些城市中第一座是比布鲁斯，这座沿海城市中的居民以航海业为生，他们不通过夺取战利品而是完全依靠贸易生活。商人们不仅在亚洲西南部地区进行商贸，而且将贸易拓展到高加索和苏丹。在随后的几个世纪里，在这一地区出现了许多城市，包括贝鲁特（Beirut）、阿卡（Acre）、西顿（Sidon）和提尔。像比布鲁斯一样，这些城市位于地中海沿岸，其中的居民从事长途贸易。腓尼基商人出口杉木、玻璃、珠宝和编织布，然后从外国港口带回食品和用于制造业的原材料。他们的城市在该地区不是最大型的，大约在公元前 1200 年至前 700 年，没有一座城市的人口超过 30 000 人，然而它们的繁荣与成就仍然在城市历史中尤为突出。

腓尼基城市中最负盛名的便是提尔，《圣经》中的先知以西结这样赞颂它：　11

> 你的境界在海中，造你的使你全然美丽。他们用示尼珥（黑门山）的松树作你的一切板，用黎巴嫩的香柏树作桅杆，用巴珊（加利利海以东）的橡树作你的桨，用象牙镶嵌基提海岛的黄杨木为坐板。你的篷帆是用埃及绣花细麻布作的……一切泛海的船只和水手都在你中间经营交易的事。②

---

① 引自 Mason Hammond，*The City in the Ancient World*（Cambridge，MA：Harvard University Press，1972），73。
② *The Holy Bible*，Ezekiel 27：4-7，9。该段译文参考《圣经和合本》。——译者注

腓尼基人不仅在故乡建设城市，也在海外殖民的过程中留下自己的足迹。他们在许多地方建立港口殖民地，并在他们的统治下逐渐演变为城市，尤其是北非的迦太基（公元前5世纪末期成为地中海西面的主要城市），西西里岛的巴勒莫以及西班牙的加的斯。与此同时，这些城市还引领了语言学中音标字母的发展，极大地促进了书面记录——这是城市生活越发重要的基础。

刺激因素也来自亚洲的西南部，通过贸易，从现在的巴基斯坦开始，南亚的城市进一步增长。浩瀚的印度河帮助农业与商业的发展，约在公元前2500至前1500年间，该地区的居民聚居在印度河流域的几座城市中。其中主要的城市，哈拉帕和摩亨佐-达罗，它们作为哈拉帕帝国的首都，延绵了数百英里。从空间角度看，它们的规模相对较大。公元前2000年左右，每平方英里约居住40 000人。与美索不达米亚城市不同，这些城市是根据共同的土地规划精心布置的，这种设计表明很可能出于一位统治者的命令。这些城市中，街道根据网格模式建造，每座城市的西面边界都建有一座坚固的城堡，城市里还建有水井和澡堂，更拥有复杂的排水系统。这些城市的四周也围绕着防止洪水的路堤。约在公元前1500年，哈拉帕帝国成为那些从中亚入侵而来并使用梵语的雅利安人的受害者。由于这一巨变以及自然因素的影响（如降雨量的减少与河流变化），印度河流域的城市很快急剧减少。很久之后，约公元前500年时期，在东南部地区又崛起了几个王国，与此同时，恒河流域也发展出新的城镇。不久以后，孔雀王朝建立了，该帝国在公元前4世纪至前1世纪期间统治着印度的大部分地区，并帮助城市中心走向繁荣，例如富庶的首都华氏城，还有阿约提亚和贝拿勒斯。

即使南亚与东亚间存在贸易交流，但中国的城市化很大程度上必须被视为独立发展。虽然早在公元前3000年，中国就出现了存在城市的证据，但大多数历史学家对中国城市历史的考察是从公元前18世纪至前3世纪的商王朝与周王朝开始的。第一批城市出现在中国北方的黄河流域，这些定居点中最突出的是殷，它作为商朝的都城活跃于约公元前1300年至前1046年商朝灭亡。在那些年中，后续的商朝君王把这座城市建设为中国的政治、经济、军事以及文化中心。对殷遗址的挖掘使殷墟得到联合国教科文组织承认的世界文化遗产的称号。殷环有城垣，面积接近100英亩，数平方英里的一个较大区域内部容纳了超过100 000人。殷包含（城垣范围内）一座带宫墙的宫殿，200间住宅（主要属于上流社会的官员）以及成千上万的墓地。据估计，公元前772年至前480年间，中国的北方还出现了78座城市。城市化也发生在中国靠长江流域的华东地区，还有更远的南方沿海地区以及台湾。因此，大约在公元前 500 年，中国已经拥有四到六座人口超过 100 000 人的城市。在当时，世界上其他地区的很多城市都没有被发现达到这种规模。

古代南亚的城市

查尔沙达
塔克西拉
阿克拉

哈拉帕
卡里班甘
巴纳瓦里　哈斯蒂纳普尔
甘韦里瓦拉　拉希迦希
摩亨佐-达罗　马图拉

华氏城
考夏姆比　王舍城

朵拉维那
优禅尼
卡奇湾
洛塔
布罗奇
坎贝湾　印度　西素帕勒格勒赫

孟加拉湾

阿拉伯海　安达曼群岛

拉克代夫海　阿奴拉达普勒
马纳尔湾
印度洋

| 0 | 400 米 |
| 0 | 400 千米 |

广泛的城市化出现在南亚（现在的印度和巴基斯坦），略晚于中东。印度河流域是一个主要的城市发展中心，尤为突出的是摩亨佐-达罗与哈拉帕。（本图以尼克·利普萨宁制作的地图为基础并进行了修改。）　　13

跨越过大西洋，早在公元前7世纪，奥梅克人与玛雅人在拉丁美洲的中部与北部地区已建立起城市。公元前600年，安第斯山脉地区也出现了城市。联合国教科文组织世界遗产地——蒂瓦纳科(Tiwanaku)可能就是其中之一，尽管它要稍后才成长为杰出的城市。

14 　　大约在公元前1世纪中叶，世界各地的城市增长差异很大。一方面，对大多数区域而言，城市仍属罕见现象。澳大利亚、亚洲北部、北欧、非洲撒哈拉沙漠以南、南美与北美的大部分地区，城市不是尚未存在便是数量稀少，而且规模都非常小。另一方面，从地中海到南亚、东南亚和中国，以及墨西哥与中美洲的一小部分地区，星罗棋布的城市中心网络则为即将来临的城市建设伟大时代奠定了基础。

第二章　伟大的城市，公元前 500—公元 300 年

15

从公元前 1 世纪的后半叶开始，随后的几个世纪都见证了地中海沿岸兴旺着一个充满活力的城市文明，那些城市遗迹不仅吸引考古学家与历史学家的造访与调查，还吸引了成群结队为之赞叹不已的游客。豪爽而富有胆魄的希腊人与罗马人开展了一系列骄人的城市建设计划，与之前腓尼基人的城市相比，任何方面都更为庞大。他们沿着非洲北部的海岸线建立起数以百计的城市定居点，还包括今天土耳其与欧洲的西部区域。城市串联成为城市网络，对其他广阔的地区进行高度的影响与控制。在古代地中海地区，雅典（一座城邦）和罗马（一个帝国的首都）成为首屈一指的城市中心。

雅典比希腊其他城市（如科林斯与斯巴达）拥有更多的居民。在当时，雅典本城人口以及受其统治的周边地区（即阿提卡）人口的总数已超过 200 000人。相比毗邻的城邦，雅典的规模肯定远超它们，但规模不是最值得关注的方面。尽管雅典人不像其他希腊城邦的公民那样是海外殖民地的创建者，但雅典城的非凡之处在于它是城市生活最具活力的中心。就此而言，在公元前 5世纪时期，雅典对该地区中其他城市有着相当大的影响力，通过实例也可证明这种影响还惠及随后诸世纪定居他处的人类。特别是在整个公元前 5 世纪——雅典人历史中的"黄金时代"，雅典这座城邦，因其经历的发展以及展现出的气质被学者们称为西方文明的摇篮之一。

雅典人的创造力体现在他们的建筑、政治机构、文学和哲学方面。雅典伟大的舞台是由本土与异乡事务共同建构的。首先，僭主庇西特拉图与儿子们的统治在公元前 508 年倒台，随后雅典人克里斯提尼创建了一个相对民主的政府形式。在公元前 431 年，杰出的政治家伯里克利曾自豪于雅典的政治和

16

公民美德，为此，他在斯巴达战争中阵亡将士的葬礼上发表了演说。雅典历史学家修昔底德在这篇演说发表不久后进行了书写，他重构了他认为伯里克利会表达的内容：

> 我们的政治体制并非效仿我们的邻邦，我们的体制是他人的典范，而不模仿于任何国家。我们的施政之权赋予多数而非少数，这也是为何这一体制被称为民主。假设我们看看自己的法律，就会发现在处理私下分歧时，我们坚持法律面前人人平等；假设再看看雅典人的社会地位，也会发现我们看重一个人改善公共生活的才能，阶层并不能成为其人功绩的阻碍，贫困同样不是阻拦的理由。倘若一个人能服务于我邦，他断不会被他低微的身份所妨碍。

　　根据修昔底德的记载，伯里克利继续声称："我们雅典人能够判断所有并非由我们引起的事务，在此过程中，我们不将讨论视作行动之路上的绊脚石，而是将它作为任何明智活动该有的不可或缺的前提。"在伯里克利看来，雅典这座彰显出高度平等和自由的城市无疑该受其居民喜爱，他用雄辩之术敦促着他的听众知悉此点。[①]

　　雅典并非我们今天概念中的民主国家，当时女性不被纳入政府议程之中，而且大约三分之一的人口是奴隶，这些人的声音也被排除在公共事务的讨论之外。尽管如此，在自由民中，法律平等与平等权利在公民集会与公职中得到体现，使得雅典人有理由认为他们创造出人民主权的观念与实践。

　　雅典在前5世纪达到兴盛的顶峰，这也是它早期领导一系列希腊人战争的结果。希腊人被凝聚在一起抵御了波斯帝国入侵的强大军队。在公元前490年至前479年间，陆路与水路的几大战役中波斯军队都被击败了，非希腊人对希腊独立的危机也被解除。在希波战争中，雅典起到了领导作用，它在该地区的权力与威望极度增强。随后，雅典在希腊城邦中的卓越地位无疑被延续了几十年。

　　雅典的形象不仅改善了本身的自治声誉与军事优势，同样也促进其建筑

① Thucydides, *The Peloponnesian War*, Crawley, trans. (New York: Modern Library, 1951), 104-105.

与文化造诣的发展。尽管现实是雅典人与其盟友将波斯人逼入绝境，但城市也因战争遭受了大规模的物质性破坏。不过，这也成为雅典繁盛的契机，由此推行了大范围的重建计划。在伯里克利的领导下，许多骄人的建筑只花费几十年就竣工了。即便平民的穷困在过度拥挤的居民区中屡见不鲜，但雅典仍旧出现了大量富丽堂皇的公共建筑。五个世纪之后，希腊历史学家普鲁塔克这样描述了当时雅典的建筑物："建筑物逐渐增多，宏伟的规模不亚于精巧的形式……最令人惊讶的是飞快的建造速度……完工所有建筑需要耗费几代人的心血，而一切都是在一人（伯里克利）的治理下——这个雅典全盛期中完成的。"[①]拔地而起的建筑物服务于各种各样的公共目的，这项重建计划为公民意识提供了可视性表达，从而激发与滋养公共事务中作为公民的自由民的参与性。室外的公民中心——作为集会广场的阿果拉（agora），人们可以聚集在那里参与政府事务，买卖商品，参加体育活动和戏剧表演以及参拜寺庙。

古希腊建筑的高峰出现在建于多岩石高丘上作为阿果拉的雅典卫城之中。经过一扇不朽的山门，先是到达伊瑞克提翁神庙，那里敬奉着早期雅典的一位英雄，最后是最著名的帕特农神庙，这座古代遗址历史悠久，令人惊叹。在雕刻家菲狄亚斯的指导下，46 根多立克石柱围绕着中央区域与庄严的雕像，精美的帕特农神庙不仅奉献给女神雅典娜，也奉献给以她为象征的这座城市。雕带的纹样还表现了城市庆祝和市民团结。

在戏剧和哲学方面，古希腊的思想家探究了人类的生存状况。许多戏剧被公开表演。前 5 世纪最伟大的希腊剧作家是埃斯库罗斯、索福克勒斯和欧里庇得斯。史诗性的悲剧，例如埃斯库罗斯著名的《奥瑞斯忒亚》三联剧，索福克勒斯的《俄狄浦斯王》与《安提戈涅》，欧里庇得斯的《美狄亚》，这些剧作家就家庭之间，宗教与道德责任之间以及法治的冲突问题产生了深刻见解。如何在正义的立场上解决这些冲突是这几位剧作家关注的主题。尤其是索福克勒斯，他试图表现权力是怎样削弱一个人的道德责任感的（如《安提戈涅》中的国王克瑞翁）。此外还有夸张的喜剧，其中代表者是阿里斯托芬。他公开嘲弄的一群人物——其中包括希腊的神祇，政治家伯里克利，其他政客与官员、军人，

18

① Plutarch, *The Lives of the Noble Grecians and Romans*, John Dryden, trans. (New York: Modern Library, 1951),192.

　　上图是由雕刻家菲狄亚斯制作雕带的帕特农神庙，是公元前 5 世纪雅典卫城中最重要的城市建筑之一。雅典人在这些建筑内举行宗教仪式，歌颂希腊诸神以及把它作为一个公民社区的城市。Royal Ontario Museum，Toronto，accession number 956. 118.

以及知识分子。高度的言论自由使他与其他人能够批评各种人群与行为，包括帝国主义，战争牟利以及那些为追求权力而不择手段的政客，从而提出了那些有关城市不招人喜爱的问题。

19　　　哲学也蓬勃发展，尤其是在苏格拉底的贡献之下。苏格拉底声称自己是无知的，试图启发他人不断反思自己已知的一切。苏格拉底被称为"雅典的牛虻"，虽然他被认为传播宗教异端邪说，用质疑"腐蚀"雅典青年而最终被判处死刑，但他的学生柏拉图继承了他的知识遗产。

　　公元前 431 年，雅典与斯巴达之间的战争爆发后，支持战争的其他希腊城邦统治者开始忧心雅典势力的增长，雅典民主为此遭受了一系列沉重打击，其终点出现在公元前 404 年雅典的战败。这一时期，在斯巴达的命令下，雅典被要求拆除一道保护道路的长围墙，导致其港口地区遭受史称"三十僭主统治"的寡头政权统治。雅典的名望从此一去不复返。公元前 338 年，雅典在再次经历战败后落入了腓力二世之手——他是古希腊马其顿王国的统治者。自那以后，雅典被纳入外国的统治之中（在公元前 146 年成为罗马帝国的一部分）。尽管如此，高水平的文学和哲学作品依旧在公元前 4 世纪接连面世。喜剧诗人阿里斯托芬，直到他公元前 388 年去世之前，一直大量撰写着政治和社会讽刺作品。此后，作为哲学家和教育家的柏拉图与其学生亚里士多德也提升了伟大而恒久的名声与影响力，亚里士多德不仅在雅典做过教师，还做过邻国马其顿王国腓力二世之子亚历山大的老师。

作为一位领地征服者，亚历山大享有盛誉，在短短几年间，他的帝国疆域从希腊和埃及一路扩张到印度北部。在这片广袤的版图内，他建立起 70 座城市，主要目的是强化个人对领土的控制力。在接下来的公元前 4 世纪中，这些城市在地中海东部兴旺发展（如帕加马和安提阿），在亚历山大英年早逝以及帝国分崩离析之后，它们还充当着希腊人（Greek or Hellenic）向非希腊人施加影响的节点。这些城市中有不少以亚历山大的名字来命名，例如亚历山大里亚（埃及北部港口城市，建立于公元前 332 年）成为当时引领西方世界城市生活的一颗璀璨之星。古代时期的亚历山大里亚，城市居住人口多达 200 000—500 000 人，在公元前 3 世纪至前 1 世纪，它的规模、财富、华美程度都远超罗马。亚历山大里亚始终作为希腊人托勒密治下王国（包括女皇克利奥帕特拉）的首都，直到它在公元前 30 年被罗马人收入囊中。

根据亚历山大的指示，希腊城市的规划师，罗兹岛的狄诺克拉底（Dinocrates of Rhodes）采用了网格模式，使城市从东到西扩大了 4 英里，四周围绕的城墙据说也长达 9 英里。该区域内部及其附近的大量恢宏建筑不仅见证了亚历山大里亚的商业财富（大部分财富来源于象牙、乌木、香料和谷物的出口），也展现出托勒密王朝统治者的勃勃野心，这些统治者建造起纪念性的建筑物来彰显与提升王朝的权力。希腊地理学家施特拉博，写作于公元 7 年至 18 年，赞赏了它们的成就：

> 在这座城市中充满了公共性与神圣性的建筑，但其中最壮美的要数体育馆了，它的门廊长度超过一般的体育场（200 码）。（城市）中央是法院与小树林……这座城市包括最美的公共领域以及皇家宫殿，它们占据城市四分之一甚至三分之一的面积……博物馆也是皇宫的一部分，建有一条公共走道，半圆式露天建筑中的座椅，方便人们彼此交流谈话，还有一间大屋子充当博物馆内研究者们的公共休息室。[1]

20

---

[1] Strabo, *Geography*, H. L. Jones, trans. (London: Heinemann, 1949), Bk. XVII, Chapter 1.

托勒密王朝还建造了一座几百英尺高的巨型灯塔，亚历山大灯塔被誉为古代世界七大奇观之一，建于大约公元前280年，矗立在法罗斯岛上接近入港口的地方。其他众多的建筑也展现出亚历山大里亚的繁荣兴旺，尤其沿着一条宽阔的大道——克诺珀斯道（Canopus Street）而建。

　　与雅典相似，亚历山大里亚在城市中享有独占鳌头的地位，这不仅是因为一幢幢建筑，更重要的原因在于其城市内涵。斯特拉博赞美的博物馆，被认为是当时世界上最大的图书馆，收藏了700 000件用于书写或翻译成希腊语的纸莎草卷，图书馆可谓是知识研究的中心。来自亚历山大里亚、埃及其他地区甚至是其他国度的学者们会聚一堂，学习与分享知识，他们如同进入一个种族、文化与宗教多样化的社区，极大地激励着精神生活。厄拉多塞（Eratosthenes）在公元前236年成为图书馆的管理者，他通过计算旅行者的报告，绘制出第一幅已知世界的地图，其范围包括欧洲、非洲与亚洲大陆。

21

　　公元纪年伊始，亚历山大里亚有一条4英里长的东西向大道，即克诺珀斯道，城中还建有华丽的房屋、寺庙与公共建筑。皇家区域以北是世界上最大的图书馆。大型的港口有两个，靠近港口耸立着高达400英尺的灯塔，庇护着远游的航船，这座亚历山大灯塔被誉为世界七大奇观之一。From *Cleopatra：A Life* by Stacy Schiff, copyright © 2010 by Stacy Schiff. Used by permission of Little，Brown and Company.

　　医学研究者通过对活体和尸体的解剖描述了大脑的部分区域，以及心脏瓣膜、静脉与动脉之间的关系。其他会聚在亚历山大里亚的学者将《旧约全书》翻译成希腊语,从而产生出一种重要的基督教基础文本。所有这些工作都使亚历山大里亚收获了希腊化世界中文化之都的美誉。

当托勒密王国及其首都亚历山大里亚丧失独立性后,它们被一个帝国吸收,该帝国的核心在五百多年前就已建立。罗马成为了帝国强大的首都,其起源可追溯到约公元前 8 世纪中叶。约公元前 270 年,帝国已囊括意大利的大部分区域以及北方伊特鲁里亚人的领土,罗马的规模稳步增长,到公元前 150 年,至少拥有 300 000 名居民。罗马在 2 世纪达到人口高峰。当时的人口至少达到 700 000 人,甚至可能多达 1 200 000 人。罗马是世界历史上首座巨型城市,它的人口数值(包括城市的其他各方面)远远领先于过去的任何城市。最初,罗马和雅典一样由国王统治,在公元前 500 年左右成为罗马共和国。然而与雅典共和国不同的是,罗马共和国由那些拥有土地的罗马元老院贵族统治。尽管如此,被称为平民的非贵族也拥有代表,在公元前 287 年,这些人还获得了额外的权力。

在随后的几个世纪里,罗马共和主义丧失了早期的活力,奴隶起义以及上层阶级成员间的贪婪破坏了它的稳定。最终,共和国让位于掌握最高权力的世袭皇帝的政治体系,恺撒·奥古斯都在公元前 27 年至前 14 年间高坐宝位。新旧政权的更替伴随而来的是罗马统治的疆域规模不断扩大,在 2 世纪达到顶峰。彼时罗马帝国的版图囊括了几乎整个地中海区域及其北部地区,包括西班牙、高卢(现在的法国)以及大部分的不列颠地区。随着帝国扩张,首都罗马不仅人口变得更加密集,也变得更为富裕,这很大程度上受惠于从其他行省那里夺取的大量资源。

在随后几个世纪的发展中,罗马不像亚历山大里亚,没有反映出一个总规划师的统一愿景。因而在很长的一段时间内,城中街道狭窄而嘈杂,多层住宅总是严重拥挤,居民还遭受周期性爆发的伤寒、斑疹伤寒与霍乱的侵扰。但是,也像雅典和亚历山大里亚一样,罗马受益于对公共建筑与服务的持久信念的建筑学传统,尽管由于城市不断增长的规模和密度,公共服务显得不足。

共和时期的政府官员用公费或自费来建设公共设施。早在公元前 2 世纪,公共性的大厅(即长方形廊柱会堂巴西利卡[basilica])就耸立在讨论地点的中央,那里被称为广场(forum),在公元前 1 世纪早期,一座公共档案馆(Tabularium)也出现在那里。随后,立下丰功伟绩的将军们用获取的部分战利品实现相同的目的。庞培,在担任统帅之后成为了一名文职官员,使用从军

23　事战争中夺得的收益建立了罗马第一座石造剧场。尤里乌斯·恺撒也同样在广场建造起另一栋巴西利卡，作为在坏天气里庇护商业活动的场所。与此同时，库里亚还在同一区域为元老院建造会议场所以及三座神庙。

　　新建筑大潮出现在恺撒·奥古斯都的统治时期，他吹嘘说："我留下了一座用大理石建造的罗马城，虽然当我发现她时，她只是一座砖城。"①编年史家苏维托尼乌斯，在奥古斯都离世的一个世纪后证明了这位统治者恒久的成就：

> 　　至于公共安全，他对人类迄今为止所能预见的灾难提供了防范。他建造起大量的公共建筑……他还常常敦促其他领袖人物根据自己的方式，如建造或修缮新旧纪念碑来美化城市……针对火灾问题，他组织起水务部门和消防员；为了防范洪灾，他疏通了台伯河。他将荒废与被烧毁的神庙修整，并赋予它们最高贵的礼物。②

　　奥古斯都发起的大部分项目都集中在两座主要山丘（朱庇特山和巴拉丁山）以及广场的周边地区。在这些区域中，包括为新的军事胜利而建的凯旋门，奥古斯都及其家族的陵寝，一座剧院和一个以他的名字命名的新广场，还有几十间新造的神庙。除了授命修建新建筑外，奥古斯都还采取重要措施来保证沟渠能将水源输送到城市，以便更好地进行修缮。按照当时流行的建筑风格，很多结构都模仿希腊风格，尤其是科林斯式的装饰风格。在奥古斯都看来，世界上最伟大帝国的首都理应拥有与之相匹配的公众威信，才能够彰显出帝国的高贵。通过建设项目，奥古斯都不仅意图改进帝国首都的形象，也试图提升自己的声誉。但无可否认的是，他的成就确实体现在翻新城市的物质形态上。人们在罗马城中很容易就能看到奥古斯都是如何实施建设项目的，包括他对外扩张的举动，这些活动必然有助于培养写作者向奥古斯都献礼，例如历史学家李维与诗人维吉尔的作品，两人都活跃于这一统治期间。在这些叙事中，罗马权力的增长是核心内容，但是权力之感越发地源于对罗马城市中那些辉煌建筑深感自豪的情绪之中。

　　奥古斯都最小的一名钦慕者——皇帝尼禄，在 64 年发生的一场灾难性火

---

① 引自 Donald R. Dudley, *Urbs Roma*：*A Source Book of Classical Texts on the City and Its Monuments*（Aberdeen，UK：University of Aberdeen Press，1967），16。

② 引自 Dudley, *Urbs Roma*, 16。

灾后动用巨资建造起一座庞大而奢华的宫殿。苏维托尼乌斯用明显嫌恶的笔 24
调描述了尼禄的新宫殿：

> 它的规模与装饰足以说明其豪华程度：门廊之高，能容纳一尊 120 尺
> 高的尼禄巨像……宫殿的其余部分全部用黄金涂抹，并饰有宝石与珠母贝
> 壳。圆顶的晚餐厅，带有天花板的包间镶嵌着象牙装饰，在不断旋转着洒下
> 花瓣……宫殿落成时，他赞许说："我现在拥有适合人住的房子了。"①

　　然而除此之外，尼禄也将城市作为一个整体进行了有益的改进，他第一次
实施罗马城市计划。房屋的高度受到限制，建造时要求使用防火材料，还制定
了街道的最小宽度以及街道布局的规定。

　　在接下来的几年里，其他建筑项目虽然规模宏大，但明显已远离公共设施
建设传统中那种长期存在的自命不凡感——或者建设者至少认为公共空间是
一座好城市的必要组成部分。像奥古斯都一样，后继的皇帝们试图充当城市
的建设者来提高自己的声誉。他们新建或重建神庙（其中最著名的是万神殿，
建于公元前 27 年，重建于 115 年至 124 年之间）、剧院、马戏团、澡堂以及其他
可以消磨休闲时光的场所。

　　其中，大竞技场（可容纳 150 000 人）和罗马斗兽场（可容纳 80 000 人）同
时建成于 2 世纪初期，是罗马城主要的娱乐场所。在那里发生的许多事件都
体现在相当暴力的大场面表演中（特别是发生在罗马斗兽场内的角斗士搏斗，
大竞技场中的战车比赛通常也非常惨烈）。观摩的群众不仅从这些表演中满
足施暴的心理，而且还得到安抚，因为"娱乐"（与"施舍的食物"组成习语"小恩
小惠"〔bread and circuses〕）能够成为征服欲的替代品。尽管残酷，但在这样
的空间内，普通民众也获得作为城市社区成员的感受，从心理上"超脱出"他们
实际居住的那些不健康的邻里环境。

　　其他大规模的建筑则带有明显的实用性。在室内水管还很少见的时候，
卡拉卡拉浴场（建于 3 世纪早期）和其他浴场不管从娱乐还是卫生角度而言都
非常具有价值。罗马人总是擅长改善城市生活的质量，让城市变得更整洁与 25

---

① Suetonius, *The Lives of the Twelve Caesars*, Alexander Thomson, trans.（London：Bell, 1890），359 - 360.

建于 1 世纪末期的罗马斗兽场是一座椭圆形的竞技场，大约位于罗马城市中央，它可容纳 80 000 人观看暴力性的娱乐表演，包括战斗到死的角斗士表演，或者送基督徒入狮口的表演。© Vanni Archive/Art Resource，NY，ART317601.

更健康，所有的创新都反映出他们掌握了先进的专业技术。提供充足的饮用水以及处理人类与动物产生的废品，这些设施对罗马城的规模与密度而言至关重要，罗马人努力确保着这类服务的可使用性。从公元前 4 世纪开始建设的一条输水渠，能将地下泉水引至六英里之外，罗马人由此建起四通八达的供水网络，包括通过运河和水渠将水资源输送到农村。到了 4 世纪，这些供水网络每天从遥远山脉上运送 2 亿加仑的水进入城市。水资源被储存在水库，不仅能泵送至富人的住房中，也能为公共喷泉和澡堂提供用水。

罗马同样受益于一张庞大的下水道网络，即著名的大下水道（cloaca maxima）。这一设施可以追溯到公元前 6 世纪，到了 1 世纪时期，下水道的容量与效能达到峰值。不过这类设施并非普遍存在，大多数罗马人的生活仍然依靠屋外的厕所，污水随意流布在街道边露天的沟渠之内。即便如此，19 世纪 40 年代英国的公共卫生改革者们仍旧认为，该设施的某些方面要远优于国内的任何举措。

罗马人在建设交通设施方面也拥有高超技术，很大程度上是出于军事需求，他们建造的大道网络遍布了古代欧亚大陆的任何角落。第一条道路建于公元前 312 年，将罗马与邻近那不勒斯的加普亚连接了起来。在以后的诸世纪中，罗马人另外建造了 50 000 英里的道路，这些道路（与船一起）帮助他们将首都与遥远的行省贯通一体。由五层沙子、石、黏土或水泥铺成的 4 英尺厚的罗马大道，其中许多至今仍在使用。

与之前的希腊人如出一辙，罗马人在远离自己家乡的地方建立起众多城市，虽然这些城市——例如奥斯提亚（罗马的一个港口，台伯河流入地中海之地）和位于意大利的庞贝——许多都离罗马本土非常遥远。在帝国鼎盛时期，除了在意大利的城市之外，整个帝国有可能拥有 350 多个人口超过 5 000 人的城市，这些城市或由罗马人建设或扶持。帝国在伊比利亚半岛拥有 140 多个城市（如科尔多瓦），在高卢地区至少有 130 个城市（如里昂和特里尔），在不列颠也有 47 个（如伦敦），同样还包括许多建在北非或亚历山大里亚西部的城市。不管罗马人在哪里建造城市或统辖着哪些城市社区，罗马的城市建设者们都同样清晰地展露出他们对罗马城的管理模式。帝国的大部分城市像罗马一样，喜爱高水准的公共性工程，他们建造起丰沛的供水设施，大浴场，精心设计的排水系统，壮丽的神庙与剧院，以及其他各式各样壮观的公共建筑。

我们对古代时期其他区域的城市历史知之甚少，因为我们集中关注地中海地区的城市，但大型城市定居点也曾在远离希腊与罗马的地方兴起并蓬勃发展。北非以外的重要城市大约在公元 100 年诞生于阿克苏姆王国（现今的埃塞俄比亚），同名的阿克苏姆城是王国的首都。

一位古希腊使节——麦加斯梯尼（Megasthenes）于公元前 304 年至前 299 年间旅居的南亚印度首都华氏城，被认为是当时世界上最伟大的城市之一。虽然麦加斯梯尼的作品已经佚失了，但根据概述，他断言（可能存在大量的夸张）华氏城长 9.5 英里，宽 1.5 英里，护城河有 60 英尺深，宽度达 600 英尺，而且整座城市建有大量作为防御的木栅栏，包括了 64 扇大门和 570 座塔楼。皇家宫殿还建有一个相当大的公园，"里面住着被驯养的孔雀和雉鸟……

(还有)绿树成荫,百草丰茂,彼此交织出一种精妙的园艺景象"。①

华氏城代表着城市建筑的新时代,在印度河流域城市衰落之后,印度的城市长期处于停滞状态。从公元前 1000 年中晚期至公元 1000 年间,南亚出现了大量的城市,包括不少行政性中心——地区性都城和帝国城市,例如上述提及的华氏城。华氏城作为印度中北部孔雀王朝的首都,兴建于公元前 490 年,地处恒河与松河的交汇处。

在公元前 3 世纪,华氏城在阿育王统治时期达到鼎盛。人口可能高达350 000人,这使它的规模即使没有超过罗马城,也足够庞大了。在阿育王统治期间,他加固了首都的围墙,在内部建起了一座宏伟的宫殿,宫殿两侧各建一间占地 250 平方英尺的大厅。他还资助建造许多佛教寺院。

像别的大城市一样,华氏城展现出它作为政治权威的中心地位,但它同时也是一个与中国及罗马帝国保持经济联系的商贸中心。此外,华氏城还是一个文化中心。总的来说,孔雀王朝的文化展现出深厚的宗教特点,城市犹如佛教中心。然而,华氏城作为文学与学术的中心,也吸引了众多世俗知识分子、僧侣和商人。其中最突出的人物是考底利耶(Chanakya)。他出生于公元前370 年,在经济与政治领域提出过不少创举,后世将他誉为"印度的马基雅维里"。

中国城市的居民则会以周朝末期(约公元前 500 年)为傲,这是因为当时中国建有一张由城市商业与行政中心组成的密集网络,可能有 6 座城市的人口达到或超过 100 000 人,而且在随后的历史中,中国的城市建设始终生机盎然地发展着。在战国时期(公元前 475—前 221 年),出现了前所未有的建城潮,每一位统治者的国家都拥有一座都城,起防御功能的城垣则环绕着这些都城与其他城池。在都城之中,带宫墙的宫殿形成一片受保护区,通常位于城市的中央区域,代表着某种象征意义。城市发展的早期高峰出现在汉代(公元前202—公元 220 年),当时中国处于河清海晏的时期,领土扩张和艺术成就都达到了较高水平。汉代最大的两座城市,也都曾作为都城:长安与洛阳。两座城市中都点缀着宫殿、陵墓和礼仪性的建筑。洛阳最突出的特点是建有数以百计的佛寺和道观,它们渐渐与儒家及供奉地方神明的庙宇并立。参观洛阳城郊龙门石窟的游览者仍能看到成千上万座佛陀及其门徒的雕像,这些雕像

---

① E. R. Evans, "India in Early Greek and Latin Literature," in *The Cambridge History of India*, Vol. 1, E. J. Repson, ed. (Cambridge, UK: Cambridge University Press, 1922),411 - 412.

在 5 世纪晚期就已开始出现。城市中的集市也随处可见。长安城西有个占地 250 000 平方米的集市，城东集市的规模则是它的两倍大。当时班孟坚（即班固——译者注）观察长安集市后，撰写了一篇"西都狂诗"（即《西都赋》），他在其中赞誉了"列肆侈于姬姜"并写道：

> 尔乃商贾百族，裨贩夫妇，鬻良杂苦，蚩眩边鄙。何必昏于作劳？

这些中国商贩自豪于掌握的商业技能，在与那些轻信他们的农村游客的关系中处于有利的地位。[①]

与此同时，在地球的另半边，墨西哥和毗邻危地马拉地区的城市也在成长之中。在一片被称为墨西哥谷的沼泽区，奎奎尔科（Cuicuilco）和特奥蒂瓦坎（Teotihuacan）在约公元前 350 年至少占地 2 500 英亩，人口超过 20 000 人。在该地区南部的尤卡坦，玛雅的城市围绕仪式性中心艾尔米拉多（El Mirador）——玛雅的首都而建，此外还建有城市蒂卡尔（Tikal）。艾尔米拉多兴旺于大约公元前 1000 年中期至公元 1000 年早期，人口大约在 40 000—80 000 人之间。当时蒂卡尔的规模则相对较小，后来逐渐发展，到 8 世纪至 9 世纪玛雅文明鼎盛时期，它的人口已经超过 100 000 人。

在那些被遗忘的世纪以前，这些城市地点被充分地挖掘，那些遗留下的建筑是玛雅人城市活力的雄辩证据。蒂卡尔位于由沼泽环绕的高地之上，包括了 9 组连接桥梁和长堤的庭院与广场，庭院与广场之上是坐落于中心区域的寺庙，占地约 500 英亩，这座寺庙是所有结构中最壮丽的一座，高达 229 英尺。虽然蒂卡尔早已渺无人烟，但它的遗迹却提醒着人们，那里曾经有过一段繁盛的城市历史。

29

---

① 引自 N. Steinhardt, "China," in Peter Clark, ed., *The Oxford Handbook of Cities in World History* (Oxford, UK：Oxford University Press, 2013), 124. 此段引文的出处有误，原文应出自张衡的《西京赋》，而不是班固的《西都赋》。里斯间接引用的是汉学家康达维（David Knechtges）翻译的《昭明文选英译第一册：京都之赋》（*WenXuan, or Selections of Refined Literature*, vol. 1：*Rhapsodieson Metropolises and Capitals*, 1982）。——译者注

第三章　衰落与发展,300—1500 年

在 4 世纪早期至 9 世纪早期,欧洲城市呈现衰退迹象,或者与之前诸世纪的城市发展相比,就算有所增长,速度也相当缓慢。尽管中世纪早期被称为黑暗时代,但这一时期并不像这个概念所暗示的那样与城市生活格格不入,更突出的表现是整个西方文明中的城市出现了退化,甚至在 476 年西罗马正式覆灭以前衰退迹象就渐渐显现了。成群结队入侵的日耳曼部落以及其他"野蛮人"(如西哥特人、汪达尔人、匈奴人、东哥特人)——这些来自欧洲东北部地区的人群严重破坏了当时的贸易与商业,导致社会滋生出一种不安定感。地方自治政府为此修筑起围墙来保护自己的领地与居民免受外界袭击与破坏,然而,这种做法收效甚微,许多城市还是遭到洗劫。罗马就是"受害者"之一,410年,西哥特国王阿拉里克将罗马攻陷了。

圣耶柔米在这场入侵后不久写道:"罗马被围困了,她的市民被迫用黄金赎买自己的性命,随后他们再次被困,从此失物又丧命。当我口述时,我如鲠在喉,呜咽不止。这座城市曾亲自征服整个世界,在战争之前没有发生过多大的饥荒,而且很少有公民成为俘虏。"①罗马人为安全而逃到乡下,他们在小村庄、城堡和修道院中定居。兴起的基督教因强调来世,阻碍了市民参与世俗生活,也导致城市的衰落。可以肯定的是,主教辖区全都聚集在城市区域。基督教会已经接管了罗马人建立的城市体系,从这个意义上说,牧师们帮助维持的是由异教徒创建的城市。然而,基督教神学家的作品并没有流露出古典作家书写的那种公民自豪感,例如圣奥古斯丁在 410 年撰写的《上帝之城》虽产生了巨大影响,

---

① In Philip Schaff and Henry Wace, eds., *Nicene and Post-Nicene Fathers*, second series, Vol. 6 (Peabody, MA: Hendrickson, 1994), Letter 127.

但他也通过指责作为原型"城市人"的罗马人的历史以证明人性中的弱点与罪恶。

在 2 世纪,罗马城自诩拥有约 100 万人口,但在 700 年左右却只剩约 50 000 名居民,这一数字从 11 世纪起又降至约 35 000 人。意大利的克雷莫纳(Cremona)和帕多瓦(Padua)也被摧毁了,城中道路毁弃,排水系统失灵;而高卢(法国)的许多居民逃离城市中心,因此图尔和里昂地区只保留了小部分人口与城市功能。在英国,也只留下以前一些主要的城市中心——伦敦、林肯、坎特伯雷、约克和切斯特继续维持较高的城市居住水平。整个欧洲(不包括俄罗斯),全部人口约有 2 000 人或更多的定居点,从公元 200 至 500 年下降了约 40%,在随后的 200 至 250 年间则至少下降了 20%。

城市活力转向欧洲东部。罗马皇帝君士坦丁将希腊的乡村拜占庭选为新首都。君士坦丁堡建立于 324 年至 330 年,地理位置远离西方,雄踞于黑海与地中海之间的博斯普鲁斯海峡一带(现在的土耳其)。历经诸世纪的发展,君士坦丁堡成为当时世界上最大的城市之一,并取代罗马成为地中海最重要的大都市。君士坦丁堡无疑是处于领先地位的城市,在 476 年西罗马帝国衰亡后,拜占庭帝国持续了近千年。390 年君士坦丁堡的人口大约波动于 250 000—350 000 人之间,在 450 年至 1070 年间则拥有 400 000—600 000 名居民。在那段时期,君士坦丁堡的人口数量至少是拜占庭帝国其他城市的 10 倍,也至少是基督教欧洲中众城的 6 倍,人口第二多的城市是巴勒莫,在 1000 年时约有 75 000 人。

君士坦丁堡杰出的成果不仅源于它作为帝国首都的政治地位,而且源于它通过国际贸易而获得的财富积累,从东到西的主要贸易路线连通了欧洲与亚洲,从北到南则连通黑海与地中海东部沿岸。君士坦丁堡可谓是远途贸易伙伴网络中的核心,其港口和街道拥有众多来自各个地区的国际商人,有俄罗斯人、西欧人和阿拉伯人,他们中的一些人将印度和中国的商品带往君士坦丁堡,从而赋予这座城市世界性的特点并极大地增加了其物质繁荣。

32

商业收益巩固了帝国统治者的政权——尤其是在君士坦丁之后,5 世纪和 6 世纪的继任者:狄奥多西二世和查士丁尼建造起一座享有盛誉的建筑遗迹。君士坦丁本人制定过基本的城市规划,他建起一个主要作为城市商业中心的广场,以及一座宽敞的宫殿和一个竞技场——相当于罗马的大竞技场。而随后在狄奥多西的统治下,413 年至 447 年间修筑起的城墙成为城市稳固的防御阵地,也成为另一种深入人心的城市景观。

然而,最重要而恢宏的城市建筑则是教堂,教会人员反复向基督徒灌输宗教义务，以便使人们臣服于皇帝。在这些建筑中，最醒目的是圣索菲亚大教堂（意为神圣的智慧）。537 年竣工后不久，拜占庭历史学家凯撒利亚的普罗科匹厄斯（Procopius of Caesarea）写道："她的崇高是难以描绘之美，她有着超群的规模和协调的措施，既无累赘也无缺憾；她要比普通建筑更壮伟，也比那些未达到如此规模的建筑更高贵。圣索菲亚大教堂光照充足，你会发现她不仅采用外界的日光照明，而且利用内部的光源，这些灼灼之光流泻在整座教堂之内。"①

　　几个世纪后，一个法国人叙述了 1204 年西欧十字军向这座城市进逼的事件。"你该知道的是，"他写道，"那些从未到访过君士坦丁堡的人正虎视眈眈地盯着她，因为他们不相信世上会有哪座城市如此富有，当他们看到那些高耸的壁垒和坚固的塔楼，富丽的宫殿与宏伟的教堂时，无人会相信自己的眼睛，他们从来不知一座城市的规模能凌驾于任何城市之上。"②

　　这些人开始掠夺这座他们艳羡的城市，因此加速了城市的衰落，11 世纪末期衰落达到了顶峰。

33

　　在皇帝查士丁尼的命令下，圣索菲亚大教堂作为一座基督教教堂于 537 年竣工，它是拜占庭最高艺术成就案例，也是世界上首屈一指的宗教性建筑。1453 年奥斯曼土耳其攻陷君士坦丁堡时将它改建为清真寺，并增加了细长的尖塔。Courtesy of Arild Vågen/Wikimedia Commons/CC-BY-SA-3.0.

---

① 网络出版：Fordham University，"Medieval Sourcebook：Procopius：De Aedificis."http：//legacy. fordham. edu/Halsall/source/procop-deaed1. asp。

② G. de Villehardouin, *Chronicle of the Fourth Crusade*, Frank Marzials, trans. (London：Dent，1908),31.

在被西方占领后，直到 1261 年，希腊人皇帝巴列奥略家族的迈克尔八世（Michael VIII Palaeologus），结束了拉丁皇帝利用十字军对君士坦丁堡的统治。但是在他的治理下，君士坦丁堡继续面临人口数量急遽下降的困境，15 世纪中叶只有 40 000—50 000 人。这一损失的结果之一便是君士坦丁堡无法承受随后奥斯曼土耳其人的攻击，持续性的进逼在几个世纪以前就已开始，这些穆斯林在 1453 年攻陷君士坦丁堡，拜占庭帝国终结了（自此之后，君士坦丁堡逐渐被称为伊斯坦布尔，虽然这个名字直到 20 世纪 20 年代才成为官方名称）。

　　15 世纪中叶征服君士坦丁堡的人群是 7 世纪传统穆斯林扩张主义的后裔，当时阿拉伯先知穆罕默德创立了伊斯兰教。穆罕默德旨在广泛传播新的信仰，不仅通过宗教传道，还通过政治进行大范围干预。因此约在 750 年，穆斯林已统治亚洲西南部的大部分地区、北非以及伊比利亚半岛。当扩张与加强他们的宗教与政治控制以后，穆斯林厌倦了游牧生活方式而转向城市生活，由此定居在大马士革、耶路撒冷、亚历山大里亚、的黎波里、塞维利亚和科尔多瓦（居住人口在 11 世纪早期约在 400 000—500 000 人，约有 3 000 座清真寺）等城市中。哈里发（皇家统治者）也新建起少量城市以便加强统治，从而出现了令人印象深刻的作为管理与象征的首都。

　　在这些城市中，没有一座比巴格达更引人注目了。11 世纪中叶，教师兼传道者哈提卜·巴格达迪（Al-Khatib al-Baghdadi）书写了巴格达的历史：

> 　　全世界中没有哪座城市能与巴格达的规模或辉煌相提并论，城中学者和伟大人物的数量也遥遥领先。巴格达与其他城市就像贵族与普通民众间的差别，巴格达占据广袤的土地，无边无际的边境以及数不胜数的住宅和宫殿。注视那些纵横交错的马路与大道，那些居住区、市场、街道里弄、清真寺、澡堂、公路和商店，一切都使巴格达脱颖而出……人口规模也远高于别的城市。①

---

① 引自 Francoise Micheau，"Baghdad in the Abbasid Era：A Cosmopolitan and Multi-Confessional Capital，" in Salma K. Jayyusi et al.，eds.，*The City in the Islamic World*，Vol. I（Leiden and Boston：Brill，2008），244。

在作者看来,巴格达的大量深入人心的"人物",以及私人与公共性建筑的优势在诸世纪之前就已显现。

762 年,在阿巴斯哈里发曼苏尔(Al-Mansur)的命令下,巴格达开始扩建成一座新城,765 年基本完工。作为一个新基地,巴格达以其规划性与规律性而区别于伊斯兰世界中的大部分城市。巴格达全城呈圆形,中央是皇家宫殿,顶上覆盖巨大的绿色圆顶,屋顶高达 160 英尺,直冲云霄。皇宫边上是一座大型清真寺,高耸的城墙环绕着皇宫与清真寺,将它们与城市中的其他部分彼此分离。墙外还环有护城河,并设有四扇大门。就像君士坦丁堡这类受追捧的城市一样,巴格达因掌握沿欧洲与西南亚以及东亚之间的贸易路线而占据战略地位,作为首都,巴格达的发展也相当迅速。到 800 年,它可能至少拥有 400 000名居民,而到 850 年,巴格达已是世界上最大的城市,930 年拥有 100 万人口。

35　　　　随着发展,巴格达在穆斯林知识生活中越发扮演起重要的角色,8 世纪晚期至 9 世纪早期,在哈里发哈伦·拉希德(Harun al-Rashid)与其子马蒙(Mamun)的统治下,该城的人口与文化都达到高峰。城市中聚集着来自世界各地的人群,有波斯人、土耳其人、阿拉伯人、穆斯林、基督徒、犹太人以及琐罗亚斯德教徒,他们与野心勃勃的统治者们一起,将巴格达发展成为科学与学习的中心。知识与政治决定着这座帝国首都的发展,这些智识群体鼓励将君士坦丁堡的大量希腊语原稿翻译成阿拉伯语,从而创立起一座天文台,也为医学研究提供支持。知识分子们还支持将穆斯林哲学与亚里士多德的学说相互结合。

1258 年,巴格达遭到蒙古人的袭击和洗劫,几乎所有的辉煌都被摧毁了。后来它虽恢复,但它在 1400 年又再次被蒙古征服者帖木儿占领,随后在 1524 年被波斯人占领,接着被奥斯曼帝国吞并。在巴格达衰落期间,埃及历史学家麦格里齐(Al-Maqrizi)在 1437 年写道:"巴格达已破败不堪,城中不再有清真寺与信徒,不再有人祷告,也不再有繁荣的市场。松树几乎全部枯干,沟渠几乎全部堵塞。巴格达再也不能被称为一座城市。"①这便是对诸世纪以来,始终作为世界上最大且最受人瞩目的城市——巴格达的感知。

带有传奇色彩的被称为丝绸之路的国际贸易网络从西南亚一直延伸至数

---

① Micheau, "Baghdad in the Abbasid Era," 232.

千里远的东亚,那里是生产丝绸与奢侈品的原产地。中华帝国中牢固的城市网络履行着经济中心的作用。这些城市有些靠近河流,人们能够方便地利用航海,而其他人则居住在更远的内陆,那里作为区域市场的城镇或者丝绸之路的中转站。但是,中国城市网络中占主导地位的地方是行政中心。庞大的帝国都城下分为地区,在约 1000 年依次划分成 2 000 个县邑(county capitals)。

这些帝都中最非凡的是长安(现在的西安),长安发展成中国的地理中心,相当于同一时期处于鼎盛的巴格达。582 年,隋文帝在第一座汉代都城长安城的附近,建造与命名了一座新都——"新长安",成为世界上最伟大的城市之一,该城随后在唐代越发居于显赫地位。[①] 8 世纪上半叶,长安城内外各居住了 100 万人口,这座城市吸引着不计其数从远方而来的商人和旅行者。

36

半个世纪以后,威尼斯商人兼丝绸之路旅行家马可·波罗对一座新都城(大都)进行了一番叙述,他强调中国大城市普遍具有的特征。据马可·波罗描述,大都的城市布局呈矩形,与长安相似,他写道:

> 大都全长 24 英里,即各边长 6 英里,全城环绕城墙,围墙底部厚达约十步,高度超过 20 步……全城完全处于严阵以待的状态,城垛则是白色的。此外,还有 12 扇主要的大门……城墙的每一边都有三扇主要的城门以及五座宫殿。所有宫殿中都拥有很多非常华美宽敞的大厅……整个城市以直线布局,主要的街道笔直而宽阔,如果有人爬上某扇城门的城墙之上,就能远眺一扇接续一扇的城门。城中各处主要干道的两侧布满了各类商贩店铺。大都这座城市,建着大量美丽壮观的宫殿,不少富丽的客栈以及数不胜数的精巧房屋……城市中央伫立的是一座宏大的皇宫,并有一座计时用的大钟,一晚上会鸣响三次。[②]

这样一座城市的规模与壮美程度远远超越了马可·波罗见过的欧洲城市的状况。

作为纪律与秩序的表达,皇帝自始至终在他的疆域内施行权力,长安的构

---

① "新长安"初名大兴城,建于汉长安城的东南面,后于唐代更名为长安城。——译者注

② 引自 Nancy Shatzman Steinhardt, *Chinese Imperial City Planning* (Honolulu：University of Hawaii Press, 1990),155。

造形式为矩形,从东到西的外墙约 5.92 英里,从北到南的外墙则为 5.27 英里。基座 18 英尺高,15—30 英尺厚,这些城墙上共分布 11 扇城门,每一扇门上都建有高高的瞭望塔。在这些城门之内,来自内陆地区的游客能够漫步于规整的矩形街道上,街道两旁排布着房屋、商店与寺庙。内城墙围绕着行政区域,其中分布着政府机构、军营以及其他官方建筑,这一区域是专业训练官僚的场所,用以维护远离城市的中央权威。皇宫就建在边上,其中有一间代表太极(Supreme Ultimate)的大厅,皇帝在那里上朝。

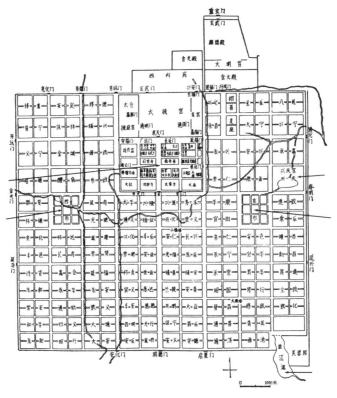

长安作为都城建于公元 6 世纪,在唐代达到鼎盛(618—907 年)。这座城市的规划呈网状形,代表皇帝期望秩序与稳定。统治者以及他们的家庭,还有他们的臣子都居住在一个被分隔开来的皇城区域内。此外,还有两座宫殿:大明宫和兴庆宫。参见 Nancy Shatzman Steinhardt, *Chinese Imperial City Planning* (Honolulu: University of Hawaii Press, 1990),95。

　　皇宫本身包含皇室住宅区,还有许多行政性建筑以及厅堂(其中一间大厅约宽 425 英尺,长 235 英尺),城墙总周长达 4.75 英里。尽管中国城市最首要展示的是帝国统治者的印记，但它们也深刻展现出组织化的宗教影响力。到722 年，这座城市拥有 91 座佛寺，佛寺内建有宏伟的用于参拜的大厅、钟楼、绚丽的宝塔、收藏各种宗教书籍的藏经阁以及僧尼的寝室和食堂。信仰的多样性还表现在城中另建有 16 座道教信徒的道观，4 座为琐罗亚斯德教以及两座为基督教信徒修建的建筑。

唐朝的统治者吸引了来自日本的外交代表团，后者的第一座城市建立于公元 650 年至 700 年间。大约在同一时间，唐朝与印度之间通过贸易传播催生出现在柬埔寨的城市，尤其是吴哥窟，如今已被联合国教科文组织列为世界文化遗产。

906 年唐王朝衰亡后，长安人口持续下降，1000 年只有 300 000 人，而1500 年则降到 150 000 人。然而，中国并没有经历整体性的城市退化。集镇、郡府以及帝国的都城都呈现增长趋势。在 1368 年至 1421 年间，南京（或称南方都城）的人口可能从 12 世纪的 180 000 人增至 1400 年的 473 000 人。大都（现在的北京，或称北方都城），从 1271 年至 1368 年作为蒙古统治的首都，从1421 年至 1644 年又作为明朝统治的首都，其人口从 1200 年的 150 000 人增加到 1500 年的 672 000 人。

横跨太平洋的另一边，有一座精心设计的伟大城市——特诺奇蒂特兰也蓬勃发展着，该城建于 1325 年至 1345 年间，是墨西哥中部阿兹特克帝国的首都，它如岛屿般屹立于一大片浅水湖的中央。[①] 特诺奇蒂特兰的发展尤其受益于商业航线，它获取从遥远的墨西哥湾、太平洋，甚至是南美洲北部的印加帝国运来的商品以及被征服地区作为贡品的农产品。因此在 1500 年，该城的居住人口至少达 80 000 人（有些学者估计多达 200 000 人），这使特诺奇蒂特兰不仅成为西半球最大的城市，而且当时的规模也几乎大于欧洲的许多城市。

西班牙征服者贝尔纳尔·迪亚斯·德尔·卡斯蒂略（Bernal Diaz del Castillo）描述了对特诺奇蒂特兰的敬畏：

> 当我们看到如此之多的城市与村庄建于水上，而其他伟大城镇则建于陆地上时，我们都感到惊奇万分，就如同面对着一种魔术……由于那雄

---

① 即特斯科科湖（Texcoco），曾是墨西哥中部墨西哥谷中的内流湖，现在只剩一块盐碱沼泽。——译者注

伟的塔楼……以及那些从水面上拔地而起的建筑，所有的一切都由砖石建造，甚至我们的一些士兵询问道："眼前所见之景难道不是梦吗？"我不知道该如何描述这座城市，那里的一切都是我们从未目睹也从未想象过的。①

埃尔南·科尔特斯（Hernan Cortés）也以相似的心情书写了特诺奇蒂特兰，但他更关注这座城市本身：

39

　　这座伟大的城市特诺奇蒂特兰……建立在一片盐湖之中，分为两区的城市中心，通过四条 12 英尺宽的人造堤道与陆地连接。特诺奇蒂特兰规模相当于塞维利亚或科尔多瓦……城中干道宽阔而坦直，大部分是供人行走的泥土道路，除此之外，至少有一半相对较小的干道是水路，人们运用独木舟穿梭其中。此外，干道每隔一定距离就会出现一处路口，以便水流能自由地流通于一条条运河之间，这些路口很宽，人们在上面架起一座座巨大而坚固的桥梁……这座城市中还有许多容纳买卖市场的公共广场。大量为神明而建的"清真寺"（mosques）与住所遍及这座伟大城市之中……这些寺庙中有一座尤为鹤立鸡群，壮美得无法用人类言语形容……城中至少有四十座塔，最大的一座金字塔，它的塔基之前延伸出50 步，甚至比塞维利亚大教堂还要高。②

在科尔特斯看来，相较于西班牙最大的城市，墨西哥的大城市要好得多，城市中点缀着"清真寺"、绚丽的街道和丰饶的市场，所有一切都证明着特诺奇蒂特兰的繁荣。

在写下这些话不久之后，1521 年，科尔特斯率领军队击败皇帝蒙特苏马二世的势力（蒙特苏马二世在 1520 年已被杀害），西班牙人在控制这座城市后，进行了大规模的摧毁，以便为建设新城市创造空间。与此同时，1520 年在墨西哥海岸爆发了天花，1521 年传染至特诺奇蒂特兰，进一步削弱了本土居民抵抗西班牙人入侵的能力。

① 引自 Ignacio Bernal, "Mexico-Tenochtitlan," in Arnold Toynbee, ed. , *Cities of Destiny* (New York：McGraw-Hill, 1967), 204。
② Hernando Cortés, *5 Letters of Cortés to the Emperor*, 1519 - 1526, J. Bayard Morris, trans. (New York and London：Norton, n. d.), 86 - 90.

　　而在西班牙，科尔多瓦和其他几座城市，从 8 世纪初期开始就一直在穆斯林的统治之下，在这段时间里，他们的人口已经远远多于那些北部和东部的城市。科尔多瓦在 800 年左右约有 160 000 居民，11 世纪开始至少已有 400 000 人。

　　9 世纪早期，城市中心再一次在基督教欧洲复兴，1000 年后增长速度加快。除西班牙和俄罗斯之外，800 年至 1000 年之间，人口数量达到 10 000 人的欧洲城市从 60 个增至 100 个。在这些年中，意大利城市的总人口增加了 70% 至 80%。部分原因是北欧维京人的入侵，城市在 10 世纪入侵停止后才开始恢复活力。

40

　　特诺奇蒂特兰是疆域遍及墨西哥的阿兹特克帝国的首都，建在一片湖泊的中央，通过几条堤道连接陆地。城市中心地带是一处恢弘的广场，矗立着皇宫与大神庙（Templo Mayor），那里是进行人祭的场所。16 世纪早期，西班牙征服者入侵后几乎摧毁了整个城市，随后它发展成为墨西哥城。Bpk, Berlin/Biblioteca Marciana/Alfredo Dagli Orti/Art Resource，NY，ART330306.

41　　　在中世纪鼎盛期间，1000 年至 1300 年的欧洲经历了一场伟大的城市建设与发展热潮。拥有 10 000 人或更多人口的城市从 111 个上升至 242 个，居住在这些城市中的人口数量几乎也增长了一倍。按绝对值计算，最大的增长发生在建城较久的城市中。例如，巴黎的人口从 20 000 人增至 160 000 人，威尼斯的人口则从 45 000 人增至 110 000 人。

　　然而，14 世纪欧洲的人口又下降了约三分之一，这是由于饥荒和不断爆发的腹股沟淋巴结炎和肺炎性鼠疫引起的，这场灾难开始于 1347 年。被称为黑死病的疾病杀死了大量的城市居民。拥有 80 000 人口的佛罗伦萨，其中 50 000 人死于瘟疫，而北欧几乎所有的城市都失去了四分之一至半数的人口。尽管如此，在 1300 至 1500 年间，拥有 20 000 人或更多人口的城市从 92 个增加到 95 个，城市人口率（人口拥有 5 000 人或以上的定居点）继续增加（从 10.4% 上升至 10.7%）。1500 年（当时西班牙已不再由穆斯林统治），共有 30 个城市的人口达到 35 000 人或以上。

　　其中，两个地区的城市发展尤其显著，因为它们都是生产和/或出口布料的区域，并且显然扮演着贸易与商业的角色。一个被称为低地国家，指弗兰德斯、布拉班特以及荷兰（包括的城市有：布鲁塞尔、根特和布鲁日），另一个是意大利北部（包括米兰、威尼斯和佛罗伦萨）。除此之外，其他地方也能自豪于城市定居点，这些定居点的数量、规模和发展程度远远比早前几个世纪的城市更好。

　　与君士坦丁堡、巴格达、长安、特诺奇蒂特兰相比，中世纪欧洲的城市并非世袭统治者设立的首都，它们由选择居住在那里的个体创造而逐渐兴起。人们聚集在这些筑有城墙的区域内以躲避贪婪的掠夺者，并且在贸易、商业和手工生产方面寻求生机。一般来说，他们还试图从无穷无尽的封建权威和奴隶束缚中享受相对的自由。事实上，城市发展的主要特征之一便是中世纪欧洲的城市居民从由领主控制的封建统治（根据"城市的空气使人自由"原则）以及

42　从以城市为基础的主教权力中解放出来。这一过程的发生与市镇（communes）以及地方政府的建立同时发生，在这些城市中，联合起来的城市商人、小商铺店主以及小型制造商扮演着重要的角色。可以肯定的是，在法国和英国，君主与镇民结成同盟，并动员他们反对地主贵族以加强自己王国的团结。然而更加广泛的是，住在城邦中的人群主要负责自身事务，尤其是在低地国家和意大利北部地区的城市中，城墙象征并捍卫着城市居民的相对自主权。

　　例如在佛罗伦萨,它集意大利文艺复兴时期之精粹,是众多城市中的焦点,犹如古典时代的雅典。人文主义学者和城市官员(执政官)科卢乔·萨卢塔蒂(Coluccio Salutati)在 1400 年热情地书写了他生活的这座城市:

> 　　我无法相信⋯⋯哪个人⋯⋯会对佛罗伦萨乃是意大利最美之花这点提出质疑,除非他是个疯子。不仅在意大利,甚至是在全世界的城市中,哪座城市能比佛罗伦萨拥有更固若金汤的围墙,更令人自豪的宫殿(palazzi),更装潢华美的教堂,更恢宏的建筑以及更壮观的城门? 又有哪座城市比她的露天广场更丰富,宽阔的街道更令人愉悦,市民更多,公民的荣光更盛,财富广集,领地更肥沃吗? 哪座城市的行业比她更活跃,所有普通之事更教人钦佩? ⋯⋯又有何处的男人更杰出⋯⋯要比他们处事更卓越,臂膀更强健,统治更稳固,并且更负盛名呢?[①]

　　这一系列夸张问题的答案当然是显而易见的,萨卢塔蒂自豪地宣称他服务的这座城市在建筑与经济方面足堪表率。此外,佛罗伦萨也闻名于它领导公民的才能,在公共事务方面扮演着令人敬佩的角色。

　　作为古代建立的驻军城镇和行政中心,佛罗伦萨在 13 世纪晚期已经成为自治镇。因此它是一个共和政体的城邦,统治着大量内陆地区的城镇。尽管佛罗伦萨由民选官员统治,但实际上它被一群实行寡头政治的政治家主导——通常称为贵族阶级——他们占据城市经济中关键性职位。佛罗伦萨凭借羊毛产品生产销售以及银行业在 1350 年左右达到鼎盛。毫无意外的是,顶尖的商人在城市政府中扮演主导的角色,他们通常是城市财富与强大行会的代表。

　　虽然佛罗伦萨在 14 世纪遭遇黑死病后人口急剧下降,但它又快速恢复了活力,相比 1300 年的 55 000 人,1400 年已增至 61 000 人。此外,大约在 1400 年及之后的一段时间里,显贵的赞助也帮助佛罗伦萨成为引领意大利及大部分欧洲文化生活的城市。萨卢塔蒂指出那些世界级诗人的成就,他问道:"(在

43

---

① 引自 P. Ruggiers, *Florence in the Age of Dante*（Norman, OK: University of Oklahoma Press, 1964）, ix。另见 Leonardo Bruni, *In Praise of Florence: The Praise of the City of Florence and an Introduction to Leonardo Bruni's Civil Humanism*, Alfred Scheepeers, trans. and ed. (Amsterdam: Olive Press, 2005), 77 - 120。

其他地方)你能再找出一位但丁、彼特拉克和薄伽丘吗?"①此外,画家乔托的肖像画也比过往时代的更加逼真,他还为这座城市中的不少大小教堂与建筑物绘制壁画。

15世纪期间,佛罗伦萨并没有从大量居住人口中受益,但它的智识与文化向更高层次蓬勃发展。富有的男性群体再次对这种发展提供襄助(特别是处于领导地位的银行业家族美第奇家族,他们通过对思想家和艺术家赞助以巩固对市政府的实际控制权),佛罗伦萨见证了大量非凡的创造性成就。这场文化盛宴最突出的视觉遗迹是一座宏伟的大教堂。② 由建筑师菲利普·布鲁内莱斯基(Filippo Brunelleschi)于1420年开始设计,这座杰出的大教堂拥有一个巨型圆顶——是圣索菲亚大教堂建立后最大的穹窿顶,教堂宽度达到150英尺,加上圆顶高达308英尺。虽然布鲁内莱斯基的建筑包含许多哥特式元素,但他设计的其他建筑物,如孤儿院就是古罗马风格的例子,是当时佛罗伦萨流行的建筑风格。直到今天,画家列奥纳多·达·芬奇和桑德罗·波提切利,雕刻家多纳泰罗和米开朗基罗,学者勒欧纳多·布鲁尼和马尔西利奥·费奇诺仍然代表着世界艺术与知识的最高成就。

15世纪晚期以后,由宗教狂热分子季罗拉莫·迪·萨沃纳罗拉(Girolamo di Savonarola)造成的内乱,一场法国对意大利的入侵,以及越发受罗马吸引的艺术家之间的文化竞争,这些事件都将佛罗伦萨伟大时代的艺术和崇高智识推向灭亡。这座城市仍然拥有文化活力(现存最早的歌剧由佛罗伦萨作曲家雅各布·佩里写于1600年),然而佛罗伦萨已经不再拥有往昔超越其他城市的地位了。

当文艺复兴时期的艺术家们盛行于欧洲时,另一种发展在西非出现。约公元前4世纪中叶,首先定居在那里的是约鲁巴人,伊费(Ife,位于现在的尼日利亚)在1100年发展为城市,它的黄金时代持续了几个世纪,人口达到60 000人或更多。伊费生产大量的图画,用青铜、石头以及赤陶土制成的华美雕塑,展现出高水平的文化发展程度。伊费卓越的文化一直持续到1400年左右,当时政治和经济力量转移到附近的贝宁王国,也产生出了世界级的艺术作品。青铜和黄铜雕像,木材和象牙雕刻都彰显出该地区的美学魅力。

---

① Ruggiers, *Florence in the Age of Dante*, ix.
② 即花之圣母大教堂(Basilica di Santa Maria del Fiore)。——译者注

尽管西罗马帝国的衰亡使许多城市历经磨难,然而城市中心仍然扎根、成长,并在 300 年至 1500 年间欣欣向荣。人文城市项目持续进行着。最壮观的发展发生在拜占庭帝国和中国的广阔区域内,但城市也在其他地区突然出现或进行着扩张,如日本、柬埔寨和西非。美洲特奥蒂瓦坎的居住人口从约 350 年的 20 000 人增至 8 世纪的 125 000—200 000 人。随后,特诺奇蒂特兰继续扩张,普韦布洛(Pueblo)出现了小型定居点,如阿那萨齐和霍霍坎(在今天的墨西哥、新墨西哥州和亚利桑那州),即使没有形成彻底的城市定居点,但也出现过原始城市,在 1000 年结束之时,那里的人们通常还居住在建于陡峭悬崖之上由石头或土砖建盖的集体房屋内,而到了 15 世纪末期,当地已建造起人口稠密的村庄了。

第四章　首都、文化、殖民化
与革命，1500—1800 年

在近代早期，作为政治集权中心的欧洲首都城市，通过迅速扩张来增加自身的收益。君主与民族国家通过武力掠取权力，国家的形成（以及经济增长）也刺激着城市增长。1500—1700 年，俄罗斯西部和巴尔干半岛地区中 12 个首都（其中 7 个是港口城市）的规模增长了两倍多，还有 8 个的规模增加了三倍多。马德里 1600 年的人口为 65 000 人，两个世纪后达到 168 000 人；维也纳的人口在 1500 年至 1800 年间从 25 000 人增至 247 000 人，而在同一时期，柏林的人口也从 10 000 人增至 172 000 人。其他的欧洲城市中心——那不勒斯、华沙、斯德哥尔摩、哥本哈根和圣彼得堡的人口也快速增长，远远超过全国平均水平。

就规模和影响力而言，巴黎和伦敦拔得头筹。在 1500 年，法国是仅次于西班牙的民族国家，其首都巴黎的规模是第二大欧洲城市（那不勒斯，也曾作为首都）的两倍。1500—1800 年，巴黎的人口从 225 000 人增至 547 000 人，它的规模已经是相邻的对手城市——里昂的五倍。然而，巴黎并没有超越伦敦。在 1500 年的欧洲舞台上，英国还是一个不太起眼的演员，然而在接下来的三个世纪里，它却一跃成为世界舞台上引领潮流的权威，英国主要城市的增长明显反映出这一优势。伦敦的人口从 50 000 人增至 1800 年初期的近 100 万人，其规模是巴黎的两倍，是仅次于它的对手城市曼彻斯特的十倍。

伦敦可以变得更庞大，但巴黎的美丽却反超伦敦。英国医生马丁·李斯特（Martin Lister）在 1698 年的巴黎游记中写道：

> 我没有看到应有的十分之一，也没有仔细考虑……但我看到这座城

市的所有细节以及环绕它的景致，从长远来看并通过深思，我必须承认，巴黎是欧洲最美丽最壮观的城市，每一个旅行者都能在六个月的日常娱乐中发现新奇之物，或多或少都与这座高贵之城相关。①

巴黎在 17—18 世纪初期经历了一场伟大的建筑热潮，为了克服中世纪城市混乱的特点，现代早期的城市规划者追求对称、秩序、可辨识性与富丽堂皇，模仿古代欧洲与中国唐代的建筑。建筑和视觉的浮夸特点体现了路易十四的审美观与政治目的。华美的宫殿与公共建筑，连绵不绝的街道，一望无际的广场以及各种公共场所展现出专制统治者的权威，并成为最早出现于 16 世纪罗马的巴洛克式城市规划风格的典范。卢浮宫东侧添加了崭新的建筑外观（façade），建造了香榭丽舍大道以及作为皇家军队阅兵广场的战神广场，还有为退伍军人建造的荣军院，以及许多凯旋门。此外，在巴黎郊外凡尔赛，一座最壮丽的宫殿拔地而起，其余城镇也被重新设计规划。

法国人与外国人共同赞赏不断提高的建筑水准。英国建筑师克里斯托弗·雷恩（Christopher Wren）花了六个月研究巴黎，在 1665 年的一封信中他写道：

我忙于测算巴黎及周边地区最值得尊敬的建筑结构，有一段时间卢浮宫是我每天研究的对象，不少于一千名的行家经常在此工作；一些人布置非凡的基座，一些人则致力于研究楼层、圆柱与台座等等。巨大的石块是整座建筑的伟大而实用的引擎；其他人或雕刻，或镶嵌大理石，或制作石膏，或绘画，或镀金。在今日的欧洲，卢浮宫可谓一所建筑学校。②

雷恩的英国首都是怎么样的？汉普顿宫最初在亨利八世的命令下，于 1514 年进行了扩建，白厅也同样如此，肯辛顿宫则在 17 世纪 90 年代成为皇家住宅。1666 年的大火摧毁了伦敦西部大多数的建筑，克里斯托弗·雷恩的重建规划类似于他景仰的巴黎。私有财产的所有者拒绝雷恩的提议，迫使他放

47

---

① 引自 Orest and Patricia Ranum，eds.，*The Century of Louis XIV*（New York：Macmillan，1972），215。

② 引自 Ranum，eds.，*The Century of Louis XIV*，197。

弃了大部分的计划，尽管如此，许多令人印象深刻的建筑仍然采纳他的设计。新的圣保罗大教堂在废墟上建立起来，周围还建有约 50 座教区教堂。随后，雷恩还设计了一座皇家海军学院（Royal Naval College），像巴黎荣军院那样作为退役海军的住所。

在 1727 年，一本题为《不列颠全岛纪游》（*Tour Through the Whole Island of Great Britain*）的书中，丹尼尔·笛福像雷恩和李斯特赞美早期的巴黎那样，热情洋溢地评价了伦敦。他钦佩地提到"（人们）每天都建造新的广场和街道，世界上从未出现过这样天才般的建筑，除了古罗马图拉真统治时期，又有哪个时代的城市能与伦敦相提并论"。笛福除了关注宫殿和教堂之外，最吸引他的是那些与经济生活息息相关的结构：

> 世界上最大最好的皇家交易所，它是公民共同努力的成果，它本身便能回答什么是美的问题。可见，虽然交易所的成本花费了巨大的公共费用……但多年以来，为大型商业项目拨款的收支始终恰到好处，完全可解决为建立它而需要支付的利息问题……①

笛福称赞的这座富丽堂皇的建筑，展现出伦敦扮演了英国贸易发达的经济性首都的角色。

巴黎和伦敦滋养着丰富的文化活动，但这些活动并不仅仅属于精英。在 16—17 世纪，伦敦和巴黎人已经可以从众多舞台上演的丰富戏剧作品中进行选择了。在 16 世纪 90 年代晚期，伦敦环球剧院就开始上演威廉·莎士比亚、克里斯托弗·马洛以及本·琼森的戏剧。从 17 世纪 60 年代起，巴黎人也同样享受着由皮埃尔·高乃依和莫里哀创作的通俗戏剧作品。在这两座城市中，除 1642—1660 年间英国清教徒关闭伦敦的舞台之外，戏剧文化完全能够丰富城市生活。17 世纪 70 年代以后，公共音乐会和体育比赛也成为戏剧的补充。

在 18 世纪，两座城市的公共领域继续发展，写作者试图取悦读者，并激发他们思考人类进步的方式。在此期间巴黎成为欧洲的智力之都。引领思潮的思想家与作家们聚集于优雅的沙龙之内，这些沙龙由数十名来自上流阶级的

---

① 引自 Walter L. Arnstein, ed., *The Past Speaks: Sources and Problems in British History*, *Vol. II: Since 1688* (Lexington, MA: D. C. Heath, 1993), 37–38.

女性举办。来宾享用佳肴美酒,阅读或者侃侃而谈。那些最重要的写作者也 48
相聚于咖啡馆,向杂志和报纸提供非正式的讨论和辩论。受他们所闻所读的
刺激,法国知识分子开始传播批判性思想,这对西方社会产生了巨大的影响。
最著名的启蒙运动者是不知疲倦的伏尔泰,他在巴黎度过了自己的青春时期,
却在多年的背井离乡之中逝世。其他的启蒙运动者——查理·路易·孟德斯
鸠、德尼·狄德罗、让·达朗贝尔以及让-雅克·卢梭都在巴黎停留过很长时
间。这些人探讨了大量有关政府、社会分层和宗教的颠覆性观点。

　　启蒙运动也在英国扎根,尤其是在爱丁堡,那里是哲学家大卫·休谟和经
济学家亚当·斯密的故乡。在伦敦,最重要的知识分子并不像巴黎的同行们
那样突出。然而公共领域仍然是充满活力的。作家塞缪尔·约翰逊对他的朋
友詹姆斯·鲍斯威尔说:“先生,为何你在整个知识界找不出一个人愿意离开
伦敦? 不是那样的,先生,当一个人表示厌倦伦敦,那也就相当于厌倦了生活,
因为伦敦可以提供所有的生活。”①伦敦的公共领域包括了咖啡馆文化,甚至
要比巴黎更为广泛而且拥有大规模的出版物。伦敦的出版商在 1712 年出版
了 12 种以伦敦为主的报纸,《旁观者》(*The Spectator*)由约瑟夫·艾迪生
(Joseph Addison)编辑,是唯一稳步增长的杂志。伦敦在图书出版方面的优
势毋庸置疑,在 1710—1750 年间伦敦平均每年的图书出版量接近 1500 种(几
乎是爱丁堡出版量的十倍),1750 年伦敦出版的图书占英语图书总量的 80%。

　　尽管充满乐趣,但伦敦和巴黎离完美还差得很远。作者路易斯-塞巴斯蒂
安·梅西埃(Louis-Sébastien Mercier)将法国首都形容为“所有人类都会掉入
的污水坑”。② 他在 1781—1788 年间出版了 12 卷本《巴黎的画面》(*Tableau
de Paris*),他辨识出许多弊病,包括穷人的困境:

　　　　在巴黎不可能感到满足,因为富人夸张的娱乐对贫困之人而言太扎眼
　　了……从幸福的角度来看,巴黎的穷人比农民更凄惨,他们是地球上最受苛
　　待的人群……在巴黎,一个人要么陷入快乐的漩涡要么深受绝望的折磨。③

---

① James Boswell, *Boswell's Life of Johnson*, Vol. 3, G. B. Hill, ed. (Oxford, UK: Clarendon
　　Press, 1934),178.

② Louis-Sébastien Mercier, *Panorama of Paris*, Jeremy D. Popkin, ed. (University Park, PA:
　　Pennsylvania State University Press, 1999),28,33.

③ Mercier, *Panorama of Paris*, 28,33.

49　英国小说家兼法官亨利·菲尔丁（Henry Fielding）对伦敦的下层阶级却不抱有同感。他对一个人的社会地位以及改善的可能性感到困惑，并写道：

> 那些处于最底层的人群，他们的抱负在一定程度上仍是期望摆脱所属阶层，然而，通过诚实的劳动成果并不能维持他们希望的生活，他们鄙视行业给予的工资，屈从于自己的懒惰，简单而懦弱地满足于饥饿和赤贫状态，他们还拥有更多的技艺与勇气去成为小偷、骗子和强盗……①

　　倾向于指责处于卑贱地位的穷人而不是对他们表示同情，菲尔丁描述出拥有良好秩序的世界正受社会底层威胁的境况。

　　过度拥挤以及干净水源供应不足导致城市人口死亡率高于出生率。然而，大量的农村移民使欧洲城市人口总体呈现出整体增长的态势。拥有20 000人或更多人口的城市（包括俄罗斯以及欧洲其他地区）在此期间增加了100％以上（从101％上升到221％），拥有100 000人或更多人口的城市更是从4个增至24个。虽然这些增加部分源于整体人口的增长，但是城市增长要比乡村快得多。欧洲拥有10 000人或以上人口的定居点翻了近一倍，增长率从6.1％上升至10.6％。总之，欧洲城市在现代早期明显增长，尽管其中一些城市因明显波动而导致规模严重下降，特别是在17世纪。

　　北欧与西欧的城市化发展要比其他地方更快，尤其快于地中海周边地区。西部与北部地区城市人口比例翻了一倍多，而地中海地区人口却增加了不到三分之一。这种差异主要是由于跨大西洋贸易路线的开放，从中受益的大部分是港口城市——里斯本、波尔多、汉堡、安特卫普、阿姆斯特丹以及布里斯托尔。然而，贸易网络也将财富与增长带往其他城市，其中出现从港口到内陆地区，以及从英国到葡萄牙的横跨大西洋的商业网络。

　　在现代早期，欧洲人已在海外增强自己的存在感与力量，他们成立许多殖民城市，通过经济联系推动全世界的城市增长。

　　南亚、东南亚和东亚的城市持续发展，在一定程度上与欧洲人繁荣的贸易有关，但在大多数情况下，那片区域的城市发展是自主性的。约在1300年，当地的城市化水平相当于或者甚至略高于欧洲（欧洲有5个城市的人口超过

---

① 引自 Arnstein, ed., *The Past Speaks*, 43-44。

50

　　这是 18 世纪英国艺术家威廉·荷加斯（William Hogarth）表现当时担忧下层社会酗酒和放荡的雕刻：《杜松子酒巷》。伦敦的许多生活观察者也同样批评那些不受欢迎的行为，通常这些行为出现在"大都市"之中，然而大都市的富丽堂皇却能抵消人们心中关于城市的肮脏与失序。Tate, Britain.

100 000 人，而印度至少拥有 6 个），印度的城市人口在随后的两个世纪中稳步 51
增长。其中两个城市的增长尤其显著，一个是南部印度帝国首都毗奢耶那伽
罗（Vijayanagara），在 16 世纪早期人口多达 500 000 人，它是该时期世界上最
大的两个城市之一；第二个城市是阿格拉，建于 1506 年的北部首都，也是后来
泰姬陵的所在地，在 17 世纪早期人口已超过 600 000 人。然而这两个城市都
在晚期急剧衰退。在那段时期，毗奢耶那伽罗大部分地区如同废墟，而阿格拉
的人口因为莫卧儿王朝统治者的崩逝而降至原来的十分之一。尽管如此，其
他城市仍崛起了，在 1700 年的印度，可能多达 20 个城市拥有 100 000 人或更
多的人口，其中许多是工业与贸易中心。
　　中国的城市化同样在 1500 年后稳步发展，城市人口数量可能略高于欧

洲。在此期间北京（首都）的人口超过 600 000 人，至少有 4 个城市的人口超过 300 000 人。在 18 世纪，中国城市的人口增长相对缓慢，尽管如此，1800 年的北京或许可称为世界上最大的城市，人口可能比伦敦多几十万人。世界上最大的 25 个城市列表中，其中有 6 个是中国地方城市，最小的（宁波）拥有 200 000 人。

首批日本城市出现于 650 年至 700 年间，到 1500 年，城市人口仍然只占日本总人口的 8％—10％。然而在五百年前，当没有一座欧洲城市的人口超过 100 000 人时，奈良和平安京（Miyako，之后更名为京都[Kyoto]）的人口已接近或超过 200 000 人，到 1300 年，镰仓也加入这一行列。16 世纪早期，日本的许多城市人口超过 10 000 人。现代早期日本城市的增长同样强化了军阀（即大名）的势力，他们建造城下町（castle towns）或要塞型住宅，其中有百余个成为由商人、工匠和武士（即战士）组成的社区核心点，超过半数是今天日本城市的原型。到 1700 年，一个定居点拥有 5 000 名居民成为日本定义一座城市的最小人口值，当时城市人口占总人口的比例为 11％—14％，到 1800 年，这一比值变为 14％—15％。像印度和中国一样，日本也继续发展出不少大型城市。18 世纪初期，日本拥有两个城市位列世界十大城市：江户（后更名为东京）和大阪。一直到 1800 年，当时的江户像北京一样人口超过 100 万，大阪和京都的人口则各接近 400 000 人。

江户从 12 世纪的村庄发展而来，随后建造了几座堡垒，在 1590 年大名德川家康迁往那里之后开始迅猛发展。德川家康在江户建立了一座城堡，保护了这座城市在稍后阶段的长期内战中免受攻击。1603 年，德川家康被任命为日本天皇的军事代表，他与其后代成为日本的实际统治者，开启了德川时代。因此，尽管 1868 年前京都是国家的官方首都，但江户已成为日本最大的城市并占有政治权力的主要席位。以同样的方式来看，京都展现出天皇早期宣称掌握政治霸权的野心，而这种方式还让人想起欧洲的巴洛克式城市规划，江户则象征了当时大权在握的幕府。

宏大而华丽的江户城堡既是建筑结构，又象征了日本新秩序的基石。为了建造江户，建筑队将成千上万的山坡夷为平地，又利用巨大的花岗岩修筑城墙，并重新引入河流充当护城河。两道城墙高度超过 50 英尺，将城堡分为内外两个部分，瞭望塔耸立于墙壁之上，从厚重的塔内可远眺数英里之远，城堡统辖范围既包括城市本身，还包括城市周边地区。

德国旅行者恩格尔伯特·坎普弗尔（Engelbert Kaempfer）在 18 世纪初期游览日本时，写道："从远处眺望那座拥有繁复装饰的屋顶与塔楼的城堡，其外观展现出宏伟的形象。扇形且顶端弯曲的屋顶，最末端雕饰着龙首，城堡中所有的建筑物都装饰着这类奢华的细节。"在墙内，宽广的空间还可供将军和他的大家庭以及内臣使用。坎普弗尔还写道："城堡内大部分区域是领主的住宅。他们沿街建造辉煌的屋宇，厚重的大门将内院与外院分隔为二。内部的城堡建有壁垒、护城河、桥梁以及一扇比第一扇门更精美的大门……在这第二座城堡中居住着最资深的大臣，他们是地方上的行政官。另外城堡内还有不少属于强大领主的华丽宫殿。"此外，城堡内部还建造了许多引人入胜的区域，居民和游客可以漫步于精妙的桥梁之上，或者那些体现将军品位、权力和财富的园林之内。①

将军还改进大量的城市基础设施。德川时代早期，人们在江户的港口以及一些运河畔建造了码头。公路成为江户与边远地区建立联系的纽带。这类基础设施的建设推动城市地产的发展，使隶属将军的武士能在城市与自己的农村产业之间来回往返。江户发展的最大驱动是"轮流侍奉"（alternate attendance）制度，将军为确保大名们的忠诚，迫使他们每隔一年就携家带口地迁居江户。为了获得 30 多英里之外的水资源，工匠们还改道河流，开凿运河并修筑地下管道。然而，幕府时代江户的物质进步却遭受了 1657 年一场灾难性火灾的破坏，城市大部分区域都被毁坏了。重新安置的商人和工匠从拥挤的中心搬迁到江户的郊区，那里是幕府为确保城市安全而规划的另一区域。

江户既是行政中心，也是日本军事精英的总部，同时也作为生产和享受文化和娱乐的中枢。武士努力保持战士阶层的传统，通过活力四射地练习骑马来模拟战斗，他们还使用木刀和被用钝了的弓箭。在城市外围的狩猎区，他们捕捉各种鸟类、鹿以及野猪。但是，为了成为高效的管理者，武士也需要研究儒家文本（儒家学院于 1630 年在江户已经建立）、写诗、画风景并且光顾剧院。

商人和工匠也拥有各种各样的文化追求。出版商出版了无数的俳句诗合

———————

① Engelbert Kaempfer，*Kaempfer's Japan：Tokugawa Culture Observed*，Beatrice M. Bodart-Bailey，trans. and ed. （Honolulu：University of Hawaii Press，1999），343 - 354. 中央的塔楼在 1657 年被烧毁，没有再重建。坎普弗尔可能查询了地图和旅游指南，因而写塔楼仍然矗立于城堡的中心，这表明他的言论不是全部基于原始的观察报告。

54

17世纪开始，日本艺术家创作了无数木刻版画来描述城市生活的各个方面。当时文学、戏剧以及艺术文化非常繁荣。座无虚席的歌舞伎戏剧是一种广受欢迎的表演，在引人入胜的布景与服饰中，展现出歌曲、舞蹈以及滑稽元素并存的特点。© RMN-Grand Palais/Art Resource, NY, ART466809.

集，内容旨在反映平民的生活和愿望。众多歌舞伎剧院也同样迎合平民的口味，就像17世纪的小说家井原西鹤——他居住在邻近城市大阪，是商人之子，撰写了许多关于城市生活的故事，在德川时期广受欢迎。

55　此外，木版印刷品的生产商也会庆幸身处平民追求视觉艺术的环境之中，他们为此建立起一种浮世绘传统。在19世纪中期，艺术家歌川广重著名的"江户百景"画卷将这种传统推向了顶峰。

在主要由岛屿或海滩构成的东南亚，稳固的港口城市网络已经存在几个世纪，这一城市网络还培植起区域贸易，例如东亚与南亚、西南亚以及非洲东海岸地区的商贸往来。其中最重要的世界城市中心是马六甲，位处高度战略性地位的马六甲海峡西面，该海峡处于马来半岛与苏门答腊岛之间。这一区域的城市规模并不大。马六甲的居民大约有 20 000 人，但有成千上万的商人不时地居住在那里。像其他东南亚的港口城市一样，马六甲是一个城邦要塞，包括了地方政府、清真寺及寺庙、进行商品称重的海关大楼以及一个市场。东南亚港口城市的贸易汇集起操几十种不同语言的人群，穆斯林移民也增加了由佛教徒和印度教教徒占主导的宗教多样性，这使得这些城市成为世界上最国际化的地方。

从 15 世纪晚期开始，葡萄牙率先探访东南亚沿岸、非洲以及印度。1510年葡萄牙海军接管了马六甲。1505 年，葡萄牙人在被征服的莫桑比克建立港口城市，随后在 1510 年征服印度西海岸，接着又控制了果阿。这些港口在日益发展的商业系统中充当着连通东半球三大洲的节点。紧随葡萄牙人之后的是西班牙人（他们于 1567 年在菲律宾建立马尼拉）、荷兰人（其代表是荷兰东印度公司，他们于 1619 年在现称印度尼西亚的地方建立了巴达维亚，即现在的雅加达）、法国人以及英国人。在南亚，法属东印度公司于 1654 年控制了本地治理，而他们的英国同行则紧随其后，在 1661 年控制了孟买。

在西半球的中部和南部地区，欧洲殖民的存在变得更加显著，其中大片的区域都在西班牙和葡萄牙的直接控制之下，少部分区域由法国、英国和荷兰控制。墨西哥城，由西班牙人在特诺奇蒂特兰的废墟上建立而成，是约 1520 年后从伊比利亚半岛港口前去征服"新世界"的那批欧洲人在拉丁美洲建造的众城之一。在西班牙殖民的南美洲，利马建造于 1535 年，而在葡萄牙控制的巴西，里约热内卢则建立于 1565 年。这些城市主要作为军事和行政中心，而非贸易和商业中心，它们的布局一般都是矩形，让人想起那批巴洛克式城市规划者在欧洲城市中采用过的布局。因此，拉丁美洲的殖民城市以及欧洲的首都城市共同成为了世袭统治者权力的象征。然而，拉丁美洲渐渐也发展出矿业城镇和港口城市。整个拉丁美洲地区拥有 20 000 人或以上人口的城市在 1600 年有 12 个，1700 年增至 21 个，1800 年则增至 41 个，这使得该地区成为世界上城市化最快速地区之一。

西班牙人还在北美建立城市（1565 年建立圣奥古斯丁，1608 年建立圣达菲），但他们最终被竞争对手法国人和英国人限制了扩张的势力。1608 年，法国建立魁北克，1642 年建立蒙特利尔，1718 年则建立了新奥尔良，城市发展尤为明显的是加拿大和佛罗里达之间的大西洋沿岸地区。那些来自英格兰和苏格兰的定居者及他们的后代建设起一连串的港口城市，从朴茨茅斯一直延伸至萨凡纳。荷兰建立的城市新阿姆斯特丹诞生于 1653 年，1664 年由英国接

56

管，1665 年则更名为纽约。那片区域的生活全部围绕着港口。码头和仓库勾勒出港口城市生活的轮廓：出入廉价酒馆的水手与码头工人以及在咖啡馆消磨时光的富商。商人还建造了大量的房屋。北美城市与城镇的数量并不显

57

在现代早期，来自西班牙和葡萄牙的征服者及他们的后代在拉丁美洲建立起大量城市。城市网络从现在阿根廷的布宜诺斯艾利斯一直延伸到现在得克萨斯州的厄尔巴索，在墨西哥和中美洲地区城市群落尤为密集。（本图以尼克·利普萨宁制作的地图为基础并进行了修改）

著，1775 年城市人口在英属美洲的总人口中占比不到 5%。但是城市区域已经比前一个世纪增加许多，就这一点而言，有 20 多个地区的人口达到 3 000 人或以上。此外，这些地区也是当时最大的商业中心，同时也是智识生活、政治权力和政治运动的中心。

费城是英属北美洲的重要城市，由威廉·佩恩指挥建立。佩恩是一位贵格会信徒，受英国政府批准管理殖民地的一片区域，即后来的宾夕法尼亚州。佩恩敦促他任命的官员进行谨慎的城市计划以便使城市能够秩序井然，此外，他还提倡为城市居民提供福祉。佩恩在 1681 年写道："让河水与溪流为建设伟大市镇而服务。要确保你选择的是那些最适合通航、地势较高、远离潮湿并且欣欣向荣的地区。让每一间房屋处于规划之中，沿道路两侧的花园、果园或土地建设而成的绿色乡镇永远不会被烧毁，也永远是健康的。"① 街道被设计成网格状。可能单调的设计中穿插着五大区域，它们被作为游乐区和公民生活的空间，有助于形成城市社区。费城的两条主干道：从东到西的市场街（Market Street）以及从北到南的宽街（Broad Street）。它们的交叉口是一个体现商贸重要性的市场，通过特拉华河沿岸的码头，费城迅速成长为一座繁华的港口城市。

费城在 1730 年处于殖民城市等级体系中的第二位，当时拥有居民数 11 500 人，而波士顿则拥有 13 000 人。然而，费城在接下来的半个世纪里远远领先于波士顿，在 1775 年人口已达到 40 000 人（当时波士顿的人口是 16 000 人，纽约则处于殖民城市等级的第二位，拥有 25 000 人口）。事实上，费城已是当时世界上使用英语的第二大城市，地位仅次于伦敦。

费城的经济、人口、精神和智识方面相当兴盛。威廉·佩恩试图为遭受欧洲宗教迫害的受害者提供一个庇护所。根据一位英格兰牧师所言，在 1759 年费城已为 10 个不同的基督教教派提供宗教活动场所。伴随宗教自由和多样性发展而起的是一个世俗性的公民社会，这个社会尊重知识并开展健康的辩论。美国哲学社团（The American Philosophical Society）由本杰明·富兰克林成立于 1743 年，其中不少成员是杰出的科学家。向大众广泛传播知识和思想的方法多种多样。起初，出版商从欧洲进口各类书籍，但在 18 世纪中期，费城已生产出 40 台印刷机（其中一台直到 1748 年才停用，这也源自无处不在的

———————————
① 引自 Maxwell S. Burt, *Philadelphia: Holy Experiment* (New York: Doubleday, 1945),1-2。

富兰克林的贡献）。书籍变得越来越普及，一部分要归功于借阅图书馆的兴起。在 1776 年费城已出版了 7 张报纸。精神生活也极大刺激了俱乐部的发展，1750 年费城大约拥有 50 家俱乐部。在这类俱乐部中，人们唱歌跳舞，追求乐趣并辩论公众话题。此外，思想交流也同样受益于城市的六大志愿性消防协会。酒吧、旅馆、咖啡馆中聚集着各种观念针锋相对的人群，这一切都体现出城市新兴的公共领域有助于人们增长对批判性思想——这一欧洲启蒙运动组成部分的熟悉感。

60 　　费城人从其他方面为通往独立的美国以及形成美国政体铺平了道路。18 世纪中叶，在殖民城市中，费城绝不是最激进的，这一特征应属于波士顿，然而费城却是孵化革命运动的主要城市。在 18 世纪 70 年代初期，费城的劳工越发追求政治平等，他们的诉求被不断放大。民主战士托马斯·潘恩在 1774 年从英国移居费城，这一年潘恩召开了第一次大陆会议。1775 年波士顿郊外的独立战斗爆发后，又召开了第二次大陆会议，并在 1776 年签署了《独立宣言》。费城在 1777 年至 1788 年间曾作为国家的首都（除了被英国占领的一段时间），随后在 1787 年成为制宪会议的主办地，在那里诞生了美国宪法。从此，费城在 1790 年至 1800 年间一直扮演着美国首都的角色。

　　那些试图发起欧洲政治变革的人群极为钦佩美国革命和立宪政府，法国大革命以及其他以城市为基础的抗议正蓄势待发。在 1789 年之前，18 世纪的许多时段，巴黎的下层阶级已经发生过好几起大规模骚乱，平民的不满与中上两个等级的群体互相融合，共同抗议专制主义和路易十六治下低效的君主政治。1789 年 7 月 13 日，当路易十六威胁要驱散一个代表团体时，巴黎民众袭击了一个重要的王权象征：巴士底狱。随后，暴动的民众杀害了 6 名士兵、监狱的管理者以及市长。同年晚些时候，巴黎民众逼迫皇室家族与国民会议从凡尔赛宫搬回法国首都——革命者认为这样能够对统治者进行更密切的监视与控制。

　　在接下来的几年里，国民议会的成员成功地制定出宪法，大大削弱了君主的权力，巴黎不断爆发的暴力使革命变得越来越激进。1792 年 8 月 4 日革命者攻占杜伊勒里宫，导致国王护卫队超过 600 人丧生，至此君主制被废除，法国建立了共和国。巴黎人随即目睹了国王和王后的死刑，也遭受了针对任何
61 反对激进革命嫌疑人的"恐怖统治"。工匠雅克-路易·梅内特拉（Jacques-Louis Ménétra）说："在那个萦绕于法国上空，挥之不去的恐怖时期，不仅每个人活在最艰苦的贫困中，而且还活在惧怕任何一种死刑的惊恐之中。一切极

特拉华河沿岸繁忙的港口，这幅创作于 1778 年的版画，描绘了当时北美最大的城市费城。费城的人口达到 40 000 人，是美国独立革命期间以及美国统一之前的主要中心。Library of Congress，LC-USZC4-12538.

度混乱。法国人呼吸着血腥……我目睹了那些凄惨的日子，我还见证了那些臭名昭著的革命委员会的全部攻击。"①

　　同一时期的伦敦，宪法知识会（Society for Constitutional Information）和伦敦通讯会（London Corresponding Society）等组织传播着民主思潮。隶属这类组织的人群帮助传播托马斯·潘恩在《人的权利》（1791 年）中表达的思想，这本书是潘恩为了庆祝美国革命胜利以及法国大革命而作，前者受他激励，后者由他观摩。巴黎和伦敦的变革从发生在大西洋彼岸的革命中汲取了力量，同时也促成一种城市革命与抗议传统的诞生，这一传统一直延续到 19 世纪以及 20 世纪早期。

---

① Jacques-Louis Ménétra, *Journal of My Life*, Arthur Goldhammer, trans. （New York: Columbia University Press，1986），219.

第五章　工业化时代的城市增长及其影响，1800—1914 年

62

在 19 世纪 40 年代早期，一个名叫罗伯特·沃恩（Robert Vaughan）的英国牧师写道："我们的时代是卓越的大城市时代。巴比伦、底比斯、迦太基以及罗马都曾是大城市，然而，世界却从未像现在这样被城市覆盖过，社会也从未如此深受城市精神的影响。"同样，写作于 19 世纪 90 年代末期的美国统计学家阿德纳·韦伯（Adna Weber）也声称"本世纪最引人注目的社会现象"是"人口集中到城市之中"。他还补充，"承载现代文明的所有媒介……都一同取消……农村隔离"并且"推动城市发展"。尽管两人都认识到人口结构的变化产生了大量的社会问题，但他们也大加赞美作为某种推动经济、社会和文化进步力量的城市。[①]

尤其是在西欧、中欧、美国以及日本，19 世纪见证了城市人口以及国家总人口爆炸性的增长。在曼彻斯特、费城以及大阪等城市中，城市化与工业革命息息相关，但同时也体现出其他方面的发展，尤其表现在行政集中以及新国家的建立。例如柏林的城市化就发生了翻天覆地的变化，1910 年的城市化率是1800 年的 12 倍。

城市的增长很大程度上取决于来自小城镇以及农村的移民潮，这些人口催生出巨大的压力和紧张关系。在拥挤的小型建筑中，居民往往缺少清洁的饮用水，造成了可怕的公共卫生问题，疾病率和死亡率不断攀升。宗教性仪式

63

---

① Robert Vaughan，*The Age of Great Cities*：*Or*，*Modern Society Viewed in Its Relation to Intelligence*，*Morals*，*and Religion* (London：Jackson and Walford，1843)，1；Adna Weber，*The Growth of Cities in the Nineteenth Century*：*A Study in Statistics* (Ithaca，NY：Cornell University Press，1899)，1，7.

也持续地减少，各类源于城市群体的越轨行为，如暴乱和革命，使人们普遍认为城市是道德上和物质上都不健康的地方。随着时间的流逝，城市不断增长，还成为改革者发起改进城市缺陷项目的平台。换句话说，城市是社会和行政的实验室，越来越多的人群试图以友善与专业的知识来帮助呈现一种更健康、更快乐、更高效的城市生活。由于这些人以及流行文化传递者的努力，人们得以享受比以往任何时候都更丰富的城市生活。

城市化进程在总体程度上是相当惊人的。在现代早期的大部分时间里，居住在欧洲城市中的人口仍然相当稳定，但在 1800 年至 1910 年间则发生了巨大变化。起初，俄罗斯帝国西部只有 14.5% 的居民住在拥有 5 000 人或以上人口的定居点中，但等到这一时期末期，城市居民的人口已经翻了 3 倍，上升至43.8%。在 1850 年至 1910 年间的北美，这类定居点中的城市人口从 3.4% 增至 40.9%。对同时代的人而言，最值得注意的不是小城市的兴起，而是德国人所称的"die Groβstadt"（大城市）的崛起。人口界限值达到 100 000 人或以上时，城市就成为人口统计地图上的一个地点。英国是体现这种统计方式的风向标。除伦敦持续增长以外，其他城市也迅速崛起，例如曼彻斯特、伯明翰、格拉斯哥。英国人要比法国人、德国人、美国人更多地居住在 19 世纪中叶的大城镇之中。但在 19 世纪下半叶，其他地区的城市化速度也开始加快，到1910 年，德国和美国的大城市数量已赶超英国，分别为 48 个和 50 个（1911 年，英国拥有 39 个大城市）。从更高层面来看，有的城市已经超过百万人口。在 1800 年，整个世界中只有两个城市达到如此规模：伦敦和北京，而到 1900 年，这样的城市已达 16 个，其中东京——崛起的日本首都，取代北京成为西方世界以外最大的城市。

正如新石器革命使得城市诞生成为可能，另一场有关物质生产新技术的革命将 19 世纪至 20 世纪初期的城市发展推向了高潮。工业革命于 18 世纪中叶始于英国的纺织制造业。19 世纪早期，曼彻斯特成为"世界棉花生产之都"。工厂的高水平生产不仅促进新能源（起初是燃煤蒸汽机）以及新机器（例如电力织机）的发展，还促进劳动分工，使大量工人能选择居住在离工作地点较近的地方。机械化运输的推广，尤其是蒸汽船和蒸汽火车极大地刺激了工业和城市的发展，生产的商品也能够出口到遥远的市场中（例如促进利物浦、汉堡、纽约等港口城市及工业中心的发展），同时还促进人口从乡村向城市大量迁移。

64

本图是古斯塔夫·多雷的画作，描绘了伦敦圣保罗大教堂前被人群与车辆挤满的街道，以此歌颂城市的密度与活力。这位法国插画家在 19 世纪 70 年代早期游览伦敦，他创作了几十幅有关这座英国首都中高层与底层生活的画作。Gustav Doré and Blanchard Jerrold, *London：A Pilgrimage*（London：Grant，1872）. Snark/Art Resource，NY，ART175756.

　　城市及工厂的突飞猛进不仅在英国发生，也发生于欧洲大陆的其他地区。德国西部的鲁尔河流域，聚集起越来越多生产钢铁的重工业工厂。这些劳工的聚集使城市杜伊斯堡和埃森的人口显著增长。除匹兹堡迅猛发展外，钢铁城镇芝加哥也生机勃勃，当时，芝加哥人主要从事机械化屠宰猪以及猪肉食品的生产。

　　与此同时，日本的改革者从 1868 年明治维新后开始建设现代化社会以对抗西方文明的侵蚀，他们的努力促使铁路建设（1887 年贯通东京与大阪）和工厂生产掀起热潮。1912 年，大阪的 6 145 家工厂已雇用了 200 000 名工人。根据 1913 年的酒店指南，这些工人制造"棉、毛、油、船舶、布匹、机械、肥皂、烟草、药品、画笔、车辆、雨伞、卫生间产品、油漆、家具、纸张、蜡烛、罐头食品、漆器、地毯、袋子、保险箱、桶、扇子、鲜花、音乐和体育用品、冰、时钟以及各式各样的物品"。①

尽管城市化与工业革命之间存在频繁而确切的联系，但城市的崛起（例如现代早期的欧洲）也与国家的形成和发展密切交织在一起。

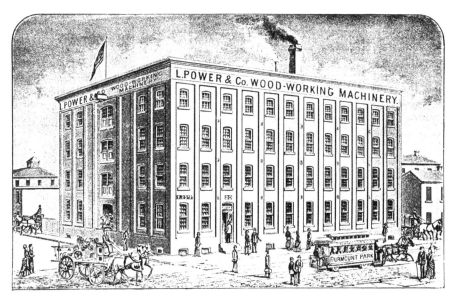

上图为 19 世纪晚期，位于费城几大工业区之一的 L. 电力公司所属工厂利用机械生产机床的过程。当时马拉车仍在广泛使用，但它们逐步让位于由电力驱动的交通工具。From Philip Scranton and Walter Licht, *Work Sights：Industrial Philadelphia，1890 - 1950*（Philadelphia：Temple University Press，1986），51.

在 19 世纪，欧洲人目睹了几个新民族国家的诞生。意大利和德国作为新兴国家站上国际舞台。从哈布斯堡帝国中新独立的国家：希腊、罗马尼亚、比利时、塞尔维亚以及半主权的匈牙利，其中的一些城市也因成为国家首都而获得重要地位，罗马、柏林（在 1850—1910 年间增长近 5 倍）、雅典、布加勒斯特、布鲁塞尔、贝尔格莱德以及布达佩斯作为国家政治生活和国家行政中心不断

---

① 引自 Blair A. Ruble, *Second Metropolis：Pragmatic Pluralism in Gilded Age Chicago，Silver Age Moscow，and Meiji Osaka*（Cambridge，UK，and New York：Cambridge University Press，2001），112。

地进行着扩张。

美国的国家行政力量也极大地增强，由于在南北战争中北方战胜了南方，1870 年至 1910 年间华盛顿特区的人口增加了两倍。相比之下，东京的发展则反映出国家集权的成果。19 世纪之前，其他成为主权国首都的城市也受益于国家层面的人口增长。民族国家扮演的扩张角色日益依赖服务于民的官僚和各类公务人员，他们中的许多人居住在国家的政治与行政中心。

中国的城市发展主要依赖从农村迁移到城市的人口。通常城市出生率既远低于农村出生率也低于城市死亡率，因此，城市（尤其是大城市）本身就需要乡村来维持自身对人口数量的需求，更不用说期望数量增长了。通常情况下，来自乡村的年轻未婚男女聚居到城市之中，他们期待寻找各种各样的机遇。由于城市工作的收入相对较高，个人自由和经济富裕变得容易实现，这也使得一批批移民难以抗拒城市的诱惑而越发不满意他们土生土长的生活环境（尽管他们世代生活在农村或小城镇中）。他们在工厂或公共部门中寻找就业机会，或者为其他城市居民提供服务。

数以万计的爱尔兰人迁至利物浦和伦敦，大量波兰人也在类似的长途跋涉以后，进入德国西部鲁尔地区的城市之中。由于这些迁移活动，在 1850 年左右，欧洲城市中大约有一半的居民出生在故乡以外的地方。美国城市中也同样涌入数不胜数的移民，他们都来自农村以及大西洋彼岸。因此在 1890 年，纽约、布法罗、底特律、密尔沃基、克利夫兰以及几个大城市中四分之三的居民本人或父母是在国外出生的。

尤其是在 19 世纪的上半叶，城市人口的迅速增长引发一系列严重问题——有些是物质层面的，有些则发生于道德或政治层面，在很长一段时间内使得地方政府和官员束手无策。城市变得拥挤不堪，越来越多的城市居民生活在 19 世纪末期被称为贫民窟的地方。年轻的弗里德里希·恩格斯，这位卡尔·马克思的智识与政治伙伴，描写了生活在曼彻斯特的劳工面临的糟糕条件（当时恩格斯在其父的纺织公司工作）：

> 我统计了造访地区的劳工数量，350 000 名劳工生活在曼彻斯特及周边地区，几乎所有人都生活在下等、潮湿、肮脏的小屋之内，他们的街道通常处于一种污秽不堪和年久失修的状态中，住宅的布局则显示出建造者的贪婪，他们通过减少通风设计的方式以谋求利益。总而言之，曼彻斯特

67

68

劳工的住宅都是脏乱、悲惨的，毫无舒适可言。居住在这类房屋中，只会让人感到残忍、堕落以及危害身心。①

在恩格斯的书中，他对资产阶级（bourgeois）的实质做出了敏锐的社会观察，成为支撑他与马克思对工商业资本主义控诉的重要基础。

除了曼彻斯特，其他城市很显然也面临着同样凄惨的状况。1861 年的格拉斯哥，三分之二的居民居住在一间或两间房构成的公寓内。这些房屋往往提供给租房者，加上房主及其家人，通常有 6 个或以上的家庭成员蜗居在一个小空间之内。19 世纪末期，聚集大量贫困人群的伦敦东区格外声名狼藉，这些人群的命运在查尔斯·布斯（Charles Booth）的十七卷本《伦敦人的生活与劳动》（*Life and Labour of the People in London*，1889 – 1903）中被详尽地描述与分析。而在 1911 年的布达佩斯，为工人阶级所建的建筑被称为"监狱中的牢房"，在其中一栋大楼中，97 个人只拥有两间厕所。公寓通常由一间房间和一间没窗户的厨房组成。狭小而劣质的房屋也在美国城市普遍存在。记者雅各·里斯（Jacob Riis）关注纽约的城市问题，此外还有小说家西奥多·德莱塞（Theodore Dreiser）、统计学家以及其他社会科学家都不懈地记录着这类问题。

除简陋密集的住房外，城市中还充斥因燃烧煤炭而造成的不洁用水、街道和空气问题，以及过度噪声共同威胁着公共卫生领域。高发病率及死亡率成为不可逆的结果。医生及其他改革者，尤其是英国人埃德温·查德威克（Edwin Chadwick）花费大量的精力引导同时代的人群注意城市肮脏问题。在 1848 年的法国，通过对公共卫生改革者几十年的调查和谴责，一位社会主义者维克多·康德拉（Victor Considérant）写道：

看看巴黎：所有的窗户、门扉和缺口都需要呼吸——透过这些缺口，你能看到无风时，头顶上是由城市排放出来的肮脏蒸汽组成的沉闷而凝重的青灰色大气。大气如同这座伟大首都顶上的王冠，一呼一吸间，巴黎几乎使人窒息……巴黎是一座极好的腐败物工厂，贫困、瘟疫和疾病伴随

① Friedrich Engels，*The Condition of the Working Classes in England*，W. O. Henderson and W. H. Chaloner，trans. and ed. (Stanford，CA：Stanford University Press，1968)，75.

劳工左右，空气与阳光几乎难以渗透进来。巴黎同样也是一个布满枯萎植被的邪恶洞穴，一年中每七个孩子就有四个死去。[①]

19 世纪 30 年代至 19 世纪 60 年代间，霍乱的威胁横扫了巴黎及许多城市。

即使如此，在 19 世纪中后期，城市取得相当大的进步，由于城市死亡率的明显下降，人们开始忧心忡忡于城市人口的身体状况。1890 年，一名英国医生威廉姆斯-费里曼(J. P. Williams-Freeman)担忧地表示，应该"将伦敦当作印度或英属海峡的殖民地，那些地方虽富有但也危机四伏，有了适当的照顾和预防措施，富裕的人可以在他们工作期间保持健康与舒适……但是，孩子们只能在对健康和生命有极大风险的环境中长大"。在伦敦，"一代代人试图永久定居下来，结果却是身体和道德上的迅速衰落，种族的提早灭绝"。[②] 巴黎的许多父母会同意这种观点。1886 年，法国 1—5 岁儿童的总死亡率为 3.03%，但巴黎高达 5.82%，而同一时间的美国，农村中 5 岁以下儿童死亡率为 3.712%，大城市中则高达 7.80%(纽约市达到 8.925%)。

出于对生理问题的担忧，威廉姆斯-费里曼暗示其本质与道德焦虑有关。城市生活的众多批评家哀叹他们见闻的行为造成了贫困与早逝。在当时，城市居民被认为沉迷于不正当快乐而无法延长寿命。社会关系的大量减少使城市人面临诸多诱惑，并以伦理与正直为代价追逐着乐趣。神职人员尤其关注与批判城市中的不道德。美国教士埃默里·梅奥(Amory D. Mayo)在 1859 年表示：

> 城镇的所有危险可以总结为：人性的神圣影响在衰退，以致变为面对面地反人类，人们丧失良知，成为一种新的人造物——像命中注定般成为社会机器上野蛮的齿轮，丧失了真正的文化灵魂。那些最反常的潮流与习俗，最古怪的癖好，最疯狂、最有害的社会道德理论以及最可怕、无药可救的野蛮化却变成城市生活合情合理的(必要)发展(的副产品)。[③]

70

[①] 引自 Andrew Lees, *Cities Perceived*: *Urban Society in European and American Thought*, *1820 -1940* (New York: Columbia University Press, 1985), 73。

[②] 引自 Lees, *Cities Perceived*, 138。

[③] 引自 Charles N. Glaab and A. Theodore Brown, *A History of Urban America*, 2nd ed. (New York and London: Macmillan, 1976), 54。

　　神职人员和其他人群有充分的理由担忧城市经济增长造成的影响。导致他们焦虑的首要因素之一是欧洲城市化进程中宗教仪式整体下滑的现实。这种趋势在城市地区比农村地区更为显著。在神职人员看来，从大量半空置的教堂中可以窥见"道德衰败"的主要原因。虽然社会科学家未必认可神职人员对宗教狂热衰退的看法，但他们也验证了这类受关注的问题。美国统计学家阿德纳·韦伯指出性滥交造成城市中非婚生子女的比例要比农村高出许多。他还指出城市中相对较高的离婚率问题，在 19 世纪晚期城市离婚率比乡村高出三到四倍。此外，他也表示在 1894 年英格兰城市中每 100 000 个居民就要比农村地区多发生两倍的犯罪事件。对这类统计数据进行分析就可以看出，相比其他区域，尽管城市是财产性犯罪的高发地区（偷窃很常见），但暴力犯罪不太频繁。城市人的认知与恐惧自成力量，使他们坚信城市危机是需要被解决的。

　　中产阶级和上层阶级的代表们也对那些假想的个人不当行为：骚乱、罢工、示威游行，乃至革命感到战战兢兢。相较其他地区，这些行为更容易在城市环境中滋生，甚至连亲城市（pro-urban）温和派也不得不承认城市拥有培养民众骚乱的条件。在这一点上，法国社会科学家爱弥尔·拉瓦瑟（Émile Levasseur）在 1891 年写道：

> 在大型的城市群落中，激情更易促发动乱。聚集起来的工人阶级点燃护民官员雄辩与野心的火星。政治条件变得更不稳定。尽管曾经的革命问题发生在农村，但现在更多地发生在城镇之中……今天，这种风暴几乎总是在首都爆发。法国……自 1789 年以来，听凭巴黎随意地更替政府。①

71　　拉瓦瑟推断的革命不仅是始于 1789 年的法国大革命，也包括紧随其后发生于 1830 年的巴黎和布鲁塞尔的革命，1848 年发生在柏林、维也纳、布达佩斯、米兰和巴黎的革命，以及 1871 年再度发生于公社时期的巴黎革命。他可能未曾提及，但想必不会对此感到惊讶，那就是发生于 1905 年的俄罗斯革命，

---

① 引自 Lees，*Cities Perceived*，170。

也爆发于首都圣彼得堡之中。

　　在城市区域中还存在其他反映对政治不满的证据。在俄罗斯西部地区，有组织的社会主义力量在大城市比在其他地方受到更多支持。例如，1898 年德意志帝国的议会选举，在大城市中，社会民主党赢得 60% 的席位，而在剩下的乡村地区，该党派只赢得 5% 的席位。与此同时在 1886 年的美国，无政府主义者组织争取一天工作 8 小时的劳工在芝加哥秣市广场发起抗议，超过 1 500 名的劳工参加了这场集会，警察试图驱散人群却导致炸弹爆炸，身亡的 11 人中有 7 名是警察。

　　城市中可感知的缺陷引发人们致力于大规模的改善活动，他们试图动员公民活力来改进城市环境。这些活动中大多数是自愿性的，反映出私人协会的盎然生机，协会中的成员通过组织慈善活动友好地解决城市问题。罗伯特·沃恩满腔热情地描绘了 19 世纪 40 年代发生在英国的慈善事业：

　　　　即使大型城镇被视为培养那些最糟糕的堕落形式并为它们提供庇护的场所，然而也不该忘记这些城镇——它们的社会几乎完全受惠于更高水平的道德情感，即认为恶习在很大程度上令人蒙羞，同样还受惠于那些有良知的志愿群体，他们为纯洁、人性和普遍性改善的事业而不断奋斗，在我们的社会历史中大放光彩。

　　他断言："为社会公德而自发开展的工作，以及援助贫穷……几乎只发生在公民之间。"他还认为"一方面，大城镇被看作滋生社会罪恶的地点，另一方面，美德也完全出现在这样的社会环境之中"。[1]

　　诸多沃恩这样的志愿协会成员考虑的是如何利用强烈的宗教感情激发积极性，从而为穷人的生活提供帮助。志愿者的工作包括筹集资金增加物质性福利以及照顾孤儿和患病的成年人。众多联盟组织的出现使慈善机构变得更为有效。慈善组织社团（Charity Organization Society）起源于伦敦，并在英国的其他城市及美国城市中建立分支，博爱工作会（Philanthropic Works）的总部设在法国，德国贫困救济与慈善协会（German Association for Poor Relief and Charity）也诞生于这个过程之中。慈善家们试图通过教育来改善穷人的

72

---

[1] Vaughan，*The Age of Great Cities*，296 - 297.

行为,提升他们的道德水平来对抗各种邪恶观念和下层社会对酒精的依赖。在私人赞助的成人教育事业中,尤其体现在建立社会服务所(settlement houses)方面。从 1884 年伦敦的汤因比馆起始,1889 年在简·亚当斯的领导下,芝加哥也建立了赫尔会所。在各种地区,妇女通过慈善活动帮助缓解城市问题,发挥了关键作用。

在 19 世纪下半叶及 20 世纪早期,城市改革者与日俱增地期望从国家或市政府层面改进公共机构。他们认为志愿性的努力必须辅以政府干预,从而帮助扩大范围以及增强可预测性和保持持久性。在 1829 年的伦敦,建立专业的警察队伍是改革者改善城市的策略之一。公共卫生改革者还提出改善自 19 世纪 20 年代以来城市卫生状况的呼吁,随后在 1848 年国会通过了《公共卫生法案》。这一举措赋予当地政府许多新的职责,根据立法,地方委员会授权任命卫生官员,铺设及清洁街道,疏通下水道并提供洁净的水资源等措施,并且通过借债来支付采取这些行动产生的费用。

有关巴黎城市改善的更全面计划在豪斯曼男爵的指导下持续了 20 年。豪斯曼由路易·拿破仑·波拿巴(即拿破仑三世,像他叔叔拿破仑一世一样,后来成为法国皇帝)任命为法国首都巴黎的首席执政官,他利用从独裁皇帝那里获得的权力对城市的布局和基础设施进行了彻底的改头换面。豪斯曼非常重视建设笔直而宽阔的街道,这种布局可提高交通的畅通性,以防止暴动者在狭窄蜿蜒的街道上设置路障(小路阻扰了 1848 年 6 月政府维持秩序的工作)。由于针对街道和林荫大道的行动(其中有一条大道以他的名字命名)不能妨碍铁路建设,因此豪斯曼将主要的火车站全部修建在城市中心的外围。豪斯曼最令人印象深刻的规划还包括为巴黎的大部分居民引入不可见的城市功能:1870 年建设了巨大的下水道系统,总长 348 英里,是 1851 年的四倍。这些下水道并不能自动处理人类的排泄物,仍然需要人力从污水坑中进行清理,但是可作为雨天的排水系统。这些改善街道清洁度的下水道以及豪斯曼创造的其他成就极大地提升了他的形象,他规划的巴黎也成为创新与进步的中心。

在 19 世纪晚期至 20 世纪早期,城市政府职责发生了戏剧性变化,使得早前的任何变革都显得相形见绌。由城市所有或至少由城市管理的煤气厂和电气厂提供了供水系统。这些设施被公共使用,即便运营它们的成本并非来自国库。政府运营屠宰场和市场的收益全部进入财政,以便襄助那些虽不获利但同样至关重要的城市项目。大规模的公共运输(陆路铁路的最早形式,从

73

19 世纪 80 年代开始由电力驱动，后来又转变为高架铁路和地铁）贯通地方自治区域和广阔的都市圈，并将它们连为一体。城市政府还同样致力于改善人力资本的工作，通过建造医院、卫生站、学校、孤儿院、职业介绍所，极大地开拓了社会服务。在某些情况下，政府也建造公共住房。

在欧洲，英国和德国成为地方自治进步的核心区域。在伯明翰，约瑟夫·张伯伦有力领导了大规模的贫民窟清理工作，并改进了污水与垃圾处理计划，公共建筑的建设则从 19 世纪 70 年代开始。尽管伯明翰获得大量国内外的关注，但它逐渐将其卓越地位拱手让给了格拉斯哥——19 世纪 90 年代被称为"地方自治的典范"。此外，就总体而言，德国城市——例如柏林、慕尼黑、法兰克福、鲁尔峡谷地区的工业城市都被视作赫赫有名的地方自治发展的核心。1870 年至 1913 年间，德国城市政府的预算增长了 11 倍，地方官员能完成更多的工作。1903 年，一位德国城市事务专家以充分的理由宣布："我们曾效仿国 74 外的城市，但如今国外已不再是我们的老师。如果有人就德国各地的医院建设、地铁与下水道建设、公园建筑所取得的成果进行对比，那么他能很容易地

巴伐利亚首都慕尼黑的新市政厅，建于 1867—1908 年间，采用新哥特式建筑风格。这种风格可追溯到中世纪，当时城市已能获得较大的独立性与权力。From Robert Wuttke, ed., *Die deutschen Städte: Geschildert nach den Ergebnissen der ersten deutschen Städte-Ausstellungzu Dresden 1903*（Leipzig: Brandstetter, 1904），II, 28.

意识到……在许多领域中我们都已位于顶峰。"①

那些支持美国强大城市政府的人群见证了自己的许多目标成为现实。可以肯定的是，不少观察地方自治景象的人——外国人及美国人——对严重的政府腐败感到沮丧，贪污、选票买卖以及政府官员的其他渎职行为（在记者林肯·斯蒂芬斯1904年的著作《城市的耻辱》中有着令人难忘的描述）。许多改革者继续感到他们的城市落后于欧洲城市，不过这也促使他们效仿国外的最佳实践，从而将城市改造为一种能够获得美好生活的地方。改革领袖波士顿的约西亚·昆西（Josiah Quincy）、克利夫兰的汤姆·约翰逊（Tom L. Johnson）、牛顿·贝克（Newton D. Baker），还有许多改革派为他们的统治地区提供重要的变革举措。

75　　　作为总结，美国社会学家查尔斯·朱布林（Charles Zueblin）赞许地指出自1900年以来显著的"城市进步"。那些发生在19世纪的改进已经相当出色，然而，随后而来的进步则更加引人注目。朱布林写道：

> 本世纪已经见证了美国城市中建立起第一条自治性铁路与电话线路；一条受国民欢迎的整洁大道；通过国家拨款，增加了比原来多四倍的道路照明设施，以及一场对各种城市肮脏的成功讨伐……有助全民健康的服务也不断扩大，浴室、洗衣店……校园护理员以及敞开式的学校；防火；人性化的警察以及女性警员的出现，一些地方法院被归入预防罪犯与矫正罪犯的体系；精心设计的学校课程为每一个孩子提供完整的教育，幼儿园、中小学校、大学或作坊也为人们提供职业教育；市政府图书馆的建立；大多数大城市中建有完善的公园，没有公园和游乐场的小城市则被认为是不文明的……还建有社会中心、大众艺术博物馆、市级影院……要比整个19世纪的城市取得更卓越的进步。②

在朱布林看来，美国城市及其他地区的城市为应对城市问题而采取了各种方式，这些举措值得大加赞赏。在20世纪早期，这些城市确实是社会进步的中心。

---

① 引自 Lees，*Cities Perceived*，242。
② Charles Zueblin，*American Municipal Progress*，2nd ed. （New York：Macmillan，1916），401.

欧洲和美国城市中的成果也同样发生在 19 世纪末至 20 世纪初期日本的核心工业城市大阪。在西方的影响下，日本贫困的城市工人发起广泛的运动，试图促使经济和社会进行现代化。创建于 1897 年的市政公司是由国家授权的自治性地方政府权威，他们鼓励慈善项目，例如对大阪无法支付医疗费用的人群进行扶贫助困，以及为孤儿提供教育。1915 年，这座城市已建立 1 585 个卫生协会。在自治政府的工作下，这些志愿团体的成员致力于对抗流行性疾病。

除了鼓励社会活动的志愿主义，在强大市长领导下的大阪城市政府也自发开展改善项目。其中包括 1898 年至 1902 年间的港口改造，1907 年至 1911 年间用水与排水系统的建设，现代电动有轨电车和铁路的建设以及引入城市规划思想。此外，市政当局增加对教育领域的作用，并加大对卫生保健的投资。因此 1900 年至 1920 年间，大阪的政府雇员的数量增长 12 倍，地方政府的开销也从 1889 年的 197 043 日元增至 1908 年的 9 152 798 日元，再到 1918 年的 20 084 725 日元。无论是志愿性质还是政府层面的干预，都缓解了民众的不满以及 1918 年广泛性的骚乱。无论如何，大阪要放弃以自由放任为动力的政策，第一次世界大战之后，市长関一（Seki Hajime）为城市增加了社会服务项目，例如建设就业办公室、公共浴室、日托中心、医院以及公共住房。

大阪的港口在 1900 年左右进行了大规模的翻新，能同时满足小型船只与大型蒸汽船的需要，这为大阪与其他城市建立起贸易网络。日本在 19 世纪晚期和 20 世纪早期进行现代化建设期间，大阪成为工业生产和商业贸易的主要中心。（图片由布莱尔·鲁布尔[Blair Ruble]提供）

城市同时也是文化活动的中心。美国政府官员与革新家弗雷德里克·豪 (Frederic C. Howe)写道：

77 　　城市通过工业与商业活动赋予世界以文化、启蒙与教育。近年来在 这方面的进步是巨大的……如今，到处拥挤着持续大规模增长的人口。 丰富的教育不仅适应所有人群的需求，而且还包括夜校、艺术展览、讲座 与音乐会、大学服务站、公园、游乐场、平价出版社、劳工组织、教堂，这些 设施都以从未料想的速度带动着启蒙思想。①

豪认识到，政府支持高雅文化场所建造的重要性，例如艺术博物馆、剧院 以及歌剧院，无论是内涵还是建筑架构，它们都彰显出城市的优雅。按历史性 建筑样式（新古典式、新哥特式、新巴洛克式）而建的市政厅也成为呈现文化优 越的建筑物。他与其他的城市拥护者都赞扬那些能表达流行文化的领域。

政府以及慈善组织通过各种途径孕育着文化。公立学校为孩子们提供基 础教育。夜校通常由私人组织创办，帮助成年人获得新的技能，还有那些被限 制在上层与中产阶级成员中的文化知识。城市政府也试图开展被领导者及其 他改革者认为健康的娱乐活动。公园建设源于政府的举措，他们认为普通城 市居民既能在绿色空间中享受周日，也能与家人在公园中平静地漫步，不仅有 益身心健康，还有益道德健康。由此，欧洲修建起不少公园，其中主要的维多 利亚公园在1842年建于伦敦东部。随后的几年中许多城市争相效仿，例如 1856年，纽约收购土地建造中央公园，根据园艺设计师费雷德里克·奥姆斯 特德(Frederick L. Olmsted)与卡尔弗特·沃克斯(Calvert Vaux)的设计，耗 费20年才完工。

除公共机构或政府支持以外，最具娱乐性的文化源于自由市场的力量。 消费文化脱颖而出，虽然只有少部分城市居民去得起歌剧院，但有不少人能够 进出百货商店，例如巴黎的好商佳，伦敦的塞尔福里奇百货以及纽约的梅西百 货，即使许多顾客唯一能做的只是看看自己渴望买到的商品。百货商店还激 励女性客户，她们大多通过购物进入公共领域。此外，酒吧、餐厅、音乐厅、歌 舞厅（例如柏林的马特里剧院以及巴黎的黑猫剧院）也成为流行文化的重要中

---

① Frederic C. Howe, *The City: The Hope of Democracy* (New York: Scribner's, 1905),25.

心。顾客能与朋友共享食物、饮料、音乐与戏剧娱乐。专业和业余的体育活动　78
也极大地丰富了城市居民的休闲生活。这些机会以及政府提供的服务，使得
城市中的男男女女越发受到居住地的吸引。虽然吸引移民最可能的是就业机
会，但他们还从经济和情感上与新的居住地维系在一起，他们表达的依恋之情
也无疑被大众文化的消费与体验所强化。

第六章　殖民城市,1800—1914 年

1908 年,一位英国帝国主义的匿名崇拜者写道:"遍及全球的英国殖民影响力,被怀疑是否能在英属马来亚以外的地区获得更大利益。英属海峡殖民地可以回顾在英国统治下过去一个世纪取得的非凡成就,以及展望未来也将会像过去显示的那样一片光明。"尤其谈及城市,作者继续写道:"槟城和新加坡是打开黄金半岛门户的钥匙,因此,那里正是载满财富的商船通往全球的十字路口。"他补充,"进取与进步精神"也在马来亚非殖民城市的区域内广为流传,城市与经济发展提升了整个地区的收益。[①] 这种观点引发广泛争议。19世纪的印度思想家斯瓦米·韦委卡南达(Swami Vivekananda)指责欧洲人"被烈酒般的新权力迷得晕头转向,像可怕的野生动物般以为善恶毫无差别……不择手段地掠夺他人的土地"。[②]

无论这些作者对帝国主义的观点分歧有多大,毫无疑问的是,在 75 年中,英国及欧洲的"殖民影响"整体上是极为深远的。始于 18 世纪末期的非殖民地化思潮,在半个世纪后达到高潮。在此之前,欧洲人已稳步强化了在民族国家以外地区的存在感,在这个过程中,他们控制城市并对城市发展的培育至关重要。

在 18 世纪 70 年代中期至 19 世纪 20 年代早期,西半球大多数地区的政治地位发生了巨变,这与欧洲国家息息相关。1776 年,美国反抗大不列颠的革命爆发;1803 年,美国则从法国购买了路易斯安那,拉丁美洲争取民族独立

---

① "The Present Day," in *Twentieth Century Impressions of British Malaya*, Arnold Wright, ed. (London: Lloyd's Greater Britain Publishing Company, 1908),117.

② 引自 Pankaj Mishra, *From the Ruins of Empire: The Intellectuals Who Remade Asia* (New York: Farrar, Straus, and Giroux, 2012),36。

及相关运动大约发生在同一时间，西蒙·玻利瓦尔（以"解放者"著称）的领导，以及何塞·德·圣马丁和其他革命人士都对领土独立有着重要贡献。他们很大程度上导致了欧洲对美国北部和阿根廷南端统治的终结。遍布美洲的城市，如波士顿、纽约、费城、萨凡纳、新奥尔良、墨西哥城、利马、里约热内卢、布宜诺斯艾利斯、圣地亚哥都从欧洲掌控的阴影中逃脱了。

　　然而除了以上地区，欧洲对一些城市区域的控制仍旧持续扩大。魁北克、蒙特利尔、多伦多和渥太华至少在 1867 年之前仍属于半殖民地城市，而加拿大则成为大英帝国统治下的自治领土。外国统治更明显地存在于加勒比海，西班牙拥有哈瓦那（古巴城市），英国则拥有金斯敦（牙买加城市）以及其他岛屿上一些较小的城镇。英国继西班牙和葡萄牙之后，同样在南美洲建立起一个依靠商贸的非正式帝国。

　　欧洲人对南亚、东亚、东南亚及非洲统治则更为直接。英国对印度的大部分地区持续地进行强力统治，在英军于 1857 年镇压大规模的反抗运动后，东印度公司接管权力时达到顶峰。一部分可用来证明这种接管的证据是一个英国士兵给《孟买电报》（*Bombay Telegraph*）写的信件，他谴责必须宽恕妇女和儿童的观念是"胡扯"，并认为当地居民"不是人类而是恶魔，顶多算是野兽，只该拥有死狗般的命运"。[①] 与此同时，从大不列颠蜂拥而来的移民占据着澳大利亚与新西兰的土地。法国在 19 世纪 30 年代进入阿尔及利亚，后来获得对印度支那的控制权。在 19 世纪最后的 25 年以及 20 世纪前 10 年及整个上半叶，八个欧洲列强几乎瓜分了整个非洲。欧洲帝国将数百万平方英里的海外土地以及数以千万的当地居民收入囊中。1886 年，日本记者德富苏峰对这种"难以忍受的境遇"给出了总结性描述："当今世界，文明人残暴地摧毁着所谓的野蛮民族……欧洲国家基于他们对强权的信奉而矗立于暴行之顶。可叹，印度已被毁灭，而缅甸将是下一个。剩余的国家也不过是名义上的独立了。波斯的未来将是什么？"[②]

　　帝国主义与城市化之间的关系是多面而复杂的。帝国官僚系统的成员，如 1898 年至 1905 年在印度的英国总督寇松勋爵，以及商人们都倾向于居住

---

① 引自 William Dalrymple，*The Last Mogul：The Fall of a Dynasty：Delhi，1857*（London：Bloomsbury，2006），364。

② 引自 Mishra，*From the Ruins of Empire*，127。

在城市，而移居海外的那些从事非政府或非商业活动的欧洲人居住在城市中的可能性较小，不过不少人仍被吸引到城市中心。其中一些殖民城市增长迅速，尽管其中的大多数远不及欧洲或美国的城市，通常增长相对缓慢。总之，殖民城市的关键职能是对欧洲统治的投射、建立与维护。多数殖民定居点建立在港口，它们扮演着工业化的西方经济与内陆地区之间重要的中介人角色，为此，这些城市逐渐贯通了公路与铁路。例如，印度港口城市出口的未加工棉，横跨印度洋，穿过苏伊士运河和地中海，到达欧洲港口城市马赛、利物浦和汉堡，再从那里被运送到里尔、曼彻斯特、巴门及其他工业城市以及周边的工厂之中，从而推动主要依赖易销商品的国际性贸易的发展。这些原材料被制作成成品，随后又被运回原材料出口地。西方统治不仅是经济性的，也包括行政和军事方面，对海外城市的掌控成为维护皇权的重要手段。在这些殖民城市中，高级官员与商人拥有自己的办公室，军队的总部也设立在城市，他们共同协作，编织起一张连通欧洲城市、海外城市以及内陆地区的稠密大网，使各个部分紧密相连。

由于当时英国是世界上最大的帝国，其幅员一路向西延伸，从新西兰直到加拿大，囊括了数量最多的殖民地城市。其中尤其是香港、新加坡、悉尼、墨尔本和仰光增长快速。19 世纪开端，仰光是五城中最大的一个，居民达 30 000 人，但到 1900 年则变成最小的一个，彼时香港和新加坡都已接近 200 000 人，悉尼和墨尔本则接近 100 万人。南亚的港口城市也迅速扩张，一开始这些城市的人口比东部的殖民城市更多，在随后的数年中则继续增长。加尔各答在 1900 年人口已超过 1 000 000 人，而孟买则达到 780 000 人，这两个城市的人口居于领先地位，虽然马德拉斯的人口数量相对较少，只拥有 500 000 人，但也值得提及。在南非，尽管英国人不得不与曾于 17 世纪在该地区定居的荷兰人后裔（被称为波尔人）争夺权力，但他们对港口城市开普敦和内陆城市约翰内斯堡行使着统治权，这些城市在 19 世纪 80 年代金矿发掘后出现了惊人的发展。而在北部地区，尽管拉各斯在 19 世纪规模相对较小，但充当了殖民地尼日利亚的一个重要港口，这为后来拉各斯在 20 世纪晚期成为世界大城市之一奠定了基础。再往北部则是开罗，从 19 世纪 80 年代英国开始控制埃及后成为了殖民城市。

法兰西帝国也在亚洲和非洲拥有殖民城市。从 19 世纪 30 年代开始，大量法国公民迁移到阿尔及尔，使那里的人口几乎翻了一番。随后法国沿着地中海海岸获得拉巴特和突尼斯。从 1875 年开始，河内和西贡成为法国在印度支那统治的支柱。即使这些城市的人口增长在 19 世纪依然相对缓慢，但它们都是皇权的重要投射与体现。

　　欧洲的其他国家也在竞争中扩张海外领土并且占领殖民城市。巴达维亚，后来改名为雅加达，是荷兰在荷属东印度群岛（现在的印度尼西亚）统治的中心。19 世纪的大部分时间里，西班牙依然控制着菲律宾的马尼拉，虽然这部分领土（连同加勒比海的哈瓦那）在 1898 年拱手让给了美国。邻近中国沿海城市香港的澳门，这个港口城市当时由葡萄牙人占领，成为国际贸易网络中的重要节点。欧洲人还在非洲建立了一些较小的殖民城镇，如比利时人在刚果建立的利奥波德维尔（现在的金沙萨）。

　　欧洲和美国对中国的沿海地区进行了广泛性的控制，通过一系列不平等条约，欧洲人和美国人强行进入中国市场，使中国港口与欧洲国家及美国彼此连接。在这许多的"通商口岸"中，外国人建立起治外法权飞地，通过脱离中国法律而避免遭到城市政府的干涉。英国在赢得 19 世纪中期爆发的第一次鸦片战争以后，再一次获得主导权力，完全控制了香港的那些未开发的岛屿，并在一些中国城市中植入自己的影响。法国人和美国人也加入其中，进驻了上海，而德国人像前三者一样进驻天津北部。德国还于 1898 年进入胶州。

　　殖民城市之间的差异巨大。可以肯定的是，殖民地本土的城市化发展于帝国主义扩张期之前。在 19 世纪英国到来的前夕，西非城市伊巴丹的居民已超过 200 000 人。北非的突尼斯和开罗，亚洲的马德拉斯和河内都曾在欧洲殖民前的诸个世纪中取得辉煌成就。还有一些城市的兴起是由于殖民主义和帝国主义的共同作用。早在 1800 年欧洲人就建设了魁北克和开普敦，新加坡、墨尔本、阿德莱德、约翰内斯堡则萌芽于 19 世纪，这些地区曾经几乎没有留下任何城市的痕迹。非洲许多较小的殖民城市（如内罗毕和伊丽莎白镇）也是后来被创建出来的。

　　有些城市区域在西方人到达之前就已存在，因而新来者必须适应当地习俗以及那些狭窄蜿蜒的街道和高密度的住宅，旧德里就是其中一例。与破旧的城市相对的是，规划者会将自己的美好愿景加诸新城市之上，而不必考虑定居点原本的状况。因此，对重要城镇的规划过程就自然产生出直角相交的宽阔街道，以及类似于棋盘模式的标准性土地划分，这种规划自古以来就长期受到各地城市规划者的偏爱。此外，规划还预留了建造广场和公共建筑的空间。这样的规划并不具有普遍性，相较旧城市更可能出现在新城市之中。

由于在驻领殖民地（settler colonies）的城市中多数居民是欧洲人（或者欧洲人的后裔），因而这类城市不同于由亚洲人或非洲人占多数的城市。① 大部分驻领殖民地的城市，例如墨尔本，是相对较新的城市，尽管像魁北克和蒙特利尔之类的城市历史可追溯到 17 世纪。阿尔及尔虽古老，但在大量法国移民迁入之后，只剩下大约 20% 的人口是穆斯林。欧洲人相对较少的城市更可能是老城市。即便如此，由于大量移民来自欧洲以外的地区，在新加坡和香港等新建城市中，西方人的比例仍比较低。

不受海外权力代表控制的自治政府同样差异显著，主要差异与欧洲人和非欧洲人数量的比例相关。不晚于 19 世纪末期，对于惠灵顿、悉尼、多伦多等地的居民而言，那些较大领土中的人口很大程度上是自治性的，英国当局对他们管控的力量相对较为温和。此外，自治机构很明显代表着当地居民的利益。②

权力关系在殖民城市中的差异很大，而在开拓者殖民地中则并非如此。大部分非白人居民遭受明显的不民主统治。虽然欧洲的政治制度越来越趋向平等主义，但大多数殖民地政府的标志却是不平等主义，欧洲人坚信自己拥有种族优越感，可掌握影响原住民生活的决策过程，即使原住民的人口往往远超过白人统治者。统治这些城市的男性并不向该地方的选民汇报工作，而是反过来向西方首都的官员汇报。他们也在其他方面行使行政权力，例如通过调配警察部队，警力成员通常来自他们工作的地区之外。例如大约 1900 年，300 名锡克人在新加坡从事警察工作，而更多锡克人在马来半岛的其他城镇谋生。锡克人警察要比原住民警察更愿意恐吓本地人。警察被要求维持每天的社会秩序，但同时，他们与殖民士兵互相配合，共同打击叛乱与公民冲突。在一系列暴动和罢工运动之后，孟买增加了三倍的武装骑警，当局赋予警察权力来禁止更大规模的公共行动——其中，游行和典礼引发了印度教徒与穆斯

① 定居者殖民地是一种特殊的殖民形式，通常是指殖民者通过建立新的定居者社会来取代被殖民地区内原有的社会形态。对定居者殖民地的研究被称为定居者殖民主义（settler colonialism），它与殖民主义的根本区别在于，前者以占领和消灭本土居民为前提，而后者主要以征服为目的。——译者注

② 但在非定居者殖民地的殖民城市中，权力关系是完全不同的。

林之间的暴力冲突。

帝国的管理者被授权采取的各类行动，在很大程度上并不考虑民选立法者或者其他原住民。可以肯定的是，由外国权力建立的自治议会逐渐承担起更多的责任。然而，由于议会中的成员通常只拥有有限的参政权与财产所有权，因而这类组织并不具有高度代表性。西贡从 1877 年开始建起一个自治议会，但 14 名成员中只有两名是越南人。而 1880 年的仰光，欧洲人获得的议会席位要比缅甸人多得多，尽管当时城市中欧洲人口只占总人口的 3％，缅甸人则占了 46％。在 19 世纪末期，印度只有加尔各答（当时英属印度的首都）设有城市议会，能够根据特许权进行选举。

殖民城市的居民与游客在很多情况下表现出相同的恐惧与认同，这标志着在人们谈论欧美城市时会流露出的一种信念，即那些地方体现了使人变好的力量。例如，《澳大利亚本国卫报》（*Australian Home Guardian*）的一名记者在墨尔本建立不到二十年的 1856 年写道：

> 20 年前，大城市维多利亚（位于墨尔本的殖民地）的所在地还是一片森林，十年前则变为一个落后的村庄，如今它已获得了城市传奇与价值的地位；谁能定义它未来尊贵与荣耀的可能极限？预言之眼能看见它宽敞的街道，两侧建有大厦——它们展现出国民的财富，建筑的高贵，还有那些从事贸易的居住者的伟大。①

这座被称为"非凡的墨尔本"的城市见证了大英帝国遥远角落里焕发出的城市活力，在那里壮美与财富并驾齐驱。

19 世纪后期，哈里斯勋爵，这位孟买（Bombay）的统治者表达了自己的喜悦之情：

> 这座拥有 800 000 人的大城市坐落于一片美丽的海域之中……上百艘的商船停泊在港口，两条繁忙的铁路贯穿全城，还有宽阔的大道和宏伟的建筑，由欧洲人与本地人组成的最活跃且智慧的商业社区，草坪挤满了快乐而悠闲的人群，孟买之美还由世界上最夺目的华服女士装点……尽

86

---

① 引自 Asa Briggs, *Victorian Cities* (New York and Evanston, IL: Harper & Row, 1963), 283。

你所能想象它吧。①

　　孟买（现改称 Mumbai）人口密集，其贸易同样受益于欧洲人与印度人，助长财富的不仅有宏伟的建筑群，还有休闲与高级时装。

　　与之类似，一位名为密多罗（Rajendralala Mitra）的印度知识分子善辩地指出，孟买的"活力——是它的生活、能源与娱乐。如果有谁观察这座城市，就能发现无论白天或晚上，凡是有人居住的地方人们都在努力地生活，以便让自己的世俗生涯变得更好"。对传统宗教了如指掌的他补充道："再没有谁能像佛陀那样投身于贫困与痛苦的深渊了……没有谁对这个充斥苦难的尘世心存悲观……每个人都在忙忙碌碌，充分意识到时间的价值，每个人都最大地利用他的能力与机会。"②

　　然而，其他作者则没有那么乐观。特别是那些较早对欧洲城市卫生表示担忧的人群，欧洲人与印度人同时深受糟糕公共卫生的折磨。虽然平时的情况已经够严重（19 世纪晚期，加尔各答中印度居民的总死亡率是居住在那里的英国人的两倍多），疫情期的状况更是急转直下。孟买爆发黑死病的第二年——1897 年已经吸取教训，但 1896 年至 1914 年间共有 184 000 人去世，一位英国外科医生乔治·沃特斯（George Waters）抱怨说这个城市正经历着疾病与死亡。"孟买被迫与疾病斗争，"他说，"这种灾难是最严重的，完全应被称为瘟疫。孟买已经遭受了不可估量的损失，这座伟大而进步的贸易港口正受疾病猛烈袭击，我担心不久以后它就会消失。"③英国医生威廉·辛普森（William Simpson）在 1908 年试图解释出现在孟买以及许多其他殖民城市中的不卫生状况。在他的著作《对热带地区健康的维持》（The Maintenance of Health in the Tropics）中，辛普森博士宣称："狭窄的街道，蜿蜒的小巷，房屋彼此拥挤在一起，形成一座有害健康的迷宫，人们既难以清洁城市，也无法通过空气流通保持卫生。老城镇遭受的损害已经铸成，到了如此地步实在难以

---

① 引自 Prashant Kidambi，*The Making of an Indian Metropolis：Colonial Governance and Public Culture in Bombay，1880–1920*（Aldershot，UK：Ashgate，2007），23。

② 引自 Kidambi，*The Making of an Indian Metropolis*，24。

③ 引自 Kidambi，*The Making of an Indian Metropolis*，49。

挽回，除非推行大规模拆迁与重建的措施。"①

　　西方人往往成为那些不为欧美所知的疾病的受害者，例如疟疾等。殖民地官员试图以各种方式应对瘟疫，首要是为了那些作为同伴的西方人的健康与福祉，同时也帮助当地人对抗疾病。殖民地官员主张在一定程度上推行各种项目来使他们所居住的城市变得更加卫生。为了在短时间内应对孟买的瘟疫，官员下令病人居住的房屋都必须进行彻底消毒。那些因水管漏水导致的房屋潮湿问题也被解决了。西方人认为，竹子和其他建筑材料难以抵御疾病，因而政府还拆除了这类构造。

　　从长远来看，改善公共健康唯有指向清理贫民窟、处理污水以及提供干净的饮用水。建于 1898 年的孟买城市改善信托（Bombay City Improvement Trust）对城市环境提供了助益。1911 年，加尔各答也建立了一个类似的信托机构。然而，在改进过程中也遇到了一些阻碍，通常那些问题是难以克服的。就像对抗瘟疫的措施一样，许多公共卫生领域的项目被认为过度侵蚀并横加于原住民之上，这有时会诱发他们进行暴力抵抗。此外，欧洲的统治者和当地纳税人也踌躇于必要的卫生设施的开销。在新德里，政府为 1912 年后建立的公共住房和政府雇员住房提供了充足的供水和排水设施，但在带围墙的德里，老旧区域并没有得到相应改善，那里正是大多数城市居民的居住区。在香港，居民每天获得的供水是伦敦人的十分之一。

　　改善公共卫生运动的一部分还包括在城市中进行种族隔离，有时被描述为创建"双重"城市，即将原住民排除在西方人的生活区域在外。尽管城市为改进有色人种的卫生水平尽了最大努力，但有争议的是原住民仍然受旧有习惯的吸引，或者天生没有能力去做那些所需之事。辛普森博士写道："（相比城市规划，城市健康）需要更多努力，城市中各类种族的生活习惯大相径庭。"疾病"容易由这些不同种族的人群传播给欧洲人，尤其是在居民彼此接触之时"，因此"绝对有必要……城市规划应该边界分明，将欧洲人、亚洲人、非洲人的住所或病房互相隔离开来……在欧洲人与亚洲人、非洲人的住所之间，还要建一条开放空置的中间地带，至少要有 300 码宽"。②

---

① 引自 Robert Home, *Of Planting and Planning*：*The Making of British Colonial Cities* (London：Spon，1997)，78。

② 引自 Carl H. Nightingale, *Segregation*：*A Global History of Divided Cities* (Chicago and London：University of Chicago Press，2012)，181。

弗雷德里克·卢吉（Frederick Lugard），一位曾参军的殖民地总督，致力于在非洲推广英国的帝国主义，主张加强种族隔离：

> 首要目标……是将欧洲人隔离开，不得将他们暴露于那些因原住民的蚊虫而造成的疟疾和黄热病细菌的感染之中，特别是原住民儿童的血液经常包含这些细菌。同样还需防范丛林火灾……这在原住民的住处很普遍，尤其是在北部省份的旱季时期。最后，要消除欧洲人感到的不适感，他们的休息被原住民喜爱的鼓声和其他噪音打扰了。①

希望确保安全与健康的人群有助于创建大英帝国，卢吉坚持认为在他们与那些被统治者之间保持普遍隔离是很有必要的，有利于保证英国对殖民地的控制。

将西方人和原住民隔离开的行动并不比提升整个城市的卫生状况更容易。那些依赖当地居民提供家庭服务的人群，以及那些地方精英成员都对隔离表示反对，他们希望能够居住在可获得的最好的地区之中，从而模糊那些存在于大多数城市中的种族隔离分界线。然而，大量创建双重城市尝试仍然获得相当大的成功。新加坡的规划者将城市分割成各自属于欧洲人、马来人或中国人的区域。马德拉斯从很早开始就分为"白人城"和"黑人城"。很久以后，非洲的城市致力于按人种进行分隔——尤其是在南非的开普敦和约翰内斯堡，这预示着未来南非种族隔离政策的出现。在非洲其他地方，如伊丽莎白港、弗里敦、内罗毕、达喀尔中的白人也着力推进种族隔离。此外，尤其是在印度，政府还建造起"山间驻地"（hill station），供西方人在高海拔地区躲避酷暑。其中，西姆拉多年充当英国政府的避暑胜地。在整个东南亚，另外还有许多山间定居点，比如越南的达拉。美国人也在菲律宾建造了一片山间驻地：碧瑶，1905 年由著名建筑师丹尼尔·伯纳姆（Daniel H. Burnham）设计。

公共建筑的设计与建设强化了西方的统治。堡垒、军营、警察局、法院、监狱、教堂与市政厅位于第一级，其次是精神病院、医院和商会。在这些维持秩序的建筑之后是为了文化目的而造的建筑：中小学、大学、博物馆、艺术画廊以及研究机构。这些构造物不仅发挥功能，而且对心理也产生影响。大部分

---

① 引自 Home, *Of Planting and Planning*，117。

建筑体现的是新历史主义欧洲风格（如新古典式、新哥特式、新文艺复兴式），它们构成了一种普遍可见的软实力。欧洲人和美国人投入大量的时间、精力和金钱在建筑项目上，试图不断提醒城市中的原住民，他们处于从属地位，而且这种地位将是无限期的。

法国在印度支那的公共建筑方面开展了积极而骄人的建设项目。根据"社会同化"观点，人们认为应该与原住民共享法国文化，于是法国人将自己的建筑强有力地出口到主要城市之中。由此，法国人罔顾西贡（1887—1902 年间印度支那的首都）和河内（1902 年成为首都）原本根基深厚的建筑传统。在西贡的核心区域，法国人建造起一座奢华的巴洛克式市政厅，它是巴黎市政厅的仿制品，以及一座新罗马式的大教堂，其建筑材料也来自法国，另外还有一座优雅的歌剧院。法式咖啡馆也分布在西贡林荫大道的两侧。在河内，除建造各自风格迥异的政府建筑以及一座大型新哥特式教堂外，他们还仿照巴黎的加尼叶歌剧院建造了一座剧院以及法国式的百货商店。法国人还用那些"英雄"之名——特指印度支那的征服者——来命名街道和广场。1914 年，摩洛哥的卡萨布兰卡制定了城市总体规划，在随后几年间，这座城市的新建筑纷纷拔地而起。与此同时，法国还在北非众多城市中的建筑上烙下了自己的印记。

英国人在印度的主要城市中施加了类似的影响，然而重点有所不同。英国人为了展现自己作为现代主义者，同时也尊重担当管理者的原住民的传统，他们试图将欧洲与当地建造的风格融为一体。因此，英国人建造的许多结构被称为"印度撒拉逊"（Indo-Saracenic）风格，很大程度上吸收了英国人未到来之前被长期使用的莫卧儿式以及其他的建筑风格。在孟买，大学的主体建筑以及规模宏大的维多利亚火车站便是这种风格的典型例子。新德里（替代存在几个世纪的旧德里而新建的印度首都）的宏观规划在赫伯特·贝克（Herbert Baker）和爱德华·勒琴斯（Edward Lutyens）的指导下始于 1911 年。他们花费了 20 年完成计划，提倡建造一座六角形的城市，佐以几何形状的宽敞街道。中央大街——京士威道（Kingsway）几乎是巴黎香榭丽舍大街的两倍宽，此外，还为英国总督建起一座恢宏的宫殿以及其他相邻的政府建筑。最终，在总督宫殿下方的一侧，还建起一幢国会大厦，它没有按照最初的设计。新德里缺乏体现民主的会议场所，对印度建筑传统也只做出了最小让步（总督宫主要是新古典主义的），这表明新德里的建设是为了象征和维护英国的权威。

一位规划委员会的成员同时也担任伦敦郡议会的主席，他提出住宅分散

　　像世界上其他地区的欧洲人一样，法国人于 19 世纪下半叶在东南亚占据了主导地位，输出着欧洲文化中的各个方面。他们寄希望于传播自诩优秀的文明，在城市中，他们按欧洲历史风格建造起许多新建筑。这座河内大教堂，采用的是在欧洲无处不在的新哥特式风格。Courtesy of Chelsea Hicks/Wikimedia Commons/CC-BY-SA-3.0.

化的要求，他采用的是英国人埃比尼泽·霍华德在其开创性的著作《明日的田园城市》（1902 年）中的观点。这位官员写道："我梦想的新德里，我们应该说明这些想法源于霍华德……可以运用这种观念创建起第一座首都。事实上，在当今社会，凡是不能正确使用'田园'一词的新城市或新城镇，都不应该被允许。我希望，过去的拥堵永远不会再发生了。"①真正的田园城市从未实现。

---

① 引自 Anthony D. King，*Urbanism，Colonialism，and the World Economy：Cultural and Spatial Foundations of the World Urban System* (London and New York：Routledge, 1990)，44。

但在新德里郊区的住宅区，英国家庭能够舒适地居住在宽敞的别墅之中。

然而，类似的房屋并不提供给大多数的印度人，他们仍然长久居住在残破城市住宅之中，或者那些为其他殖民城市居民提供的房屋内。在新德里以及别的殖民地区，无论是旧宅还是新屋，都远远不能满足当地人口的需求。从农村迁入城市的工人们所居住的房屋通常是极其低劣的。例如在 20 世纪 20 年代，孟买体力劳动者的典型住宅形式是由棕榈叶和扁平的煤油罐组成的棚户，人们通常与家畜混居在一起。更多的固定住房就像军营或者沙丁鱼罐头，挤满了流动工人及他们难以维持生计的家庭。许多殖民城市都遭遇严重的性别失衡问题。1871 年的新加坡，男性与女性的比例是 3∶1，在 1911 年的加尔各答，男女比例仍然是 2.4∶1。殖民城市显然是个男人的世界。

帝国主义同样显著地影响着那些设立武装总部的城市。帝国城市，例如伦敦、巴黎、柏林、布鲁塞尔、海牙、里斯本、马德里以及 1911 年之后的罗马，这些城市中建造的那些代表权力与自豪的公共建筑，显然是猖獗的帝国征服的结果。根据新古典主义设计的建筑，分列于笔直宽阔的道路两侧，意图展现现代帝国与古罗马帝国之间的相似点。那些公共纪念碑——为铭记那些可能对大英帝国建立有所助益的元勋们，尤其在伦敦屡见不鲜。特拉法加广场上屹立着纳尔逊勋爵的雕像，他曾是拿破仑时期战争的英雄，他在一根罗马圆柱之上骑着高头大马，脚下则匍匐着几只英国雄狮；亨利·哈夫洛克爵士的雕像——他曾在 1857 年击败印度叛乱，则被安排在附近。

从殖民地去往欧洲的移民各有目的。例如圣雄甘地是为了求学，而其他人则为了求业。在东伦敦码头附近区域，大量来自中国、印度以及非洲的移民成为装卸工。在汉堡也有大量外国出生的人口，这主要是由于城市与世界各地的国际航运关系造成的。此外，还有烹饪的影响，住在城市中的男男女女开始享用各种新兴食物，包括来自印度的咖喱。

殖民城市在帝国统治体系中不仅充当关键部分，也是瓦解帝国主义运动的滋生地。就像欧洲一样，殖民城市的特征之一便是成为日益活跃的公民社会。原住民在殖民者开设的学校中接受教育，随后进入公共领域，他们越发将自己视为潜在的公民，认为理应同样得到受西方人喜爱的自治机会。例如在孟买，1857 年只有一所大学，但到了 1900 年则诞生了许多其他的高等院校以及 451 所中学（以英语教学）。到了 19 世纪 90 年代，已经出现了 51 份印度报纸。在这种状况下，地方商业与专业精英也组建起

　　像英属印度的其他地区一样，孟买的原住民居住密度极高，他们缺乏卫生设施，受到高发疾病率与死亡率的困扰。欧洲人（担心他们可能感染致命疾病）坚持对受统治的原住民进行严格的住宅区隔离。From A. R. Burnett-Hurst，*Labour and Housing in Bombay*（London：P. S. King，1925），30.

广泛的联盟。

93　　　从本质上而言，这类联盟是否代表专业、慈善、改革或消遣？孟买和其他地方的联盟帮助人们对许多定义前殖民社会的惯例和习俗，以及外国统治的合法性提出了质疑。殖民城市和欧美的城市共同促成政治运动，矛头都指向增加公众参与方面。在殖民城市中，这就意味着支持民族独立运动。自然而然地，民族主义派——印度国民大会党的第一个会议，出现在印度的三个主要城市之中：孟买(1885 年)、加尔各答(1886 年)、马德拉斯(1887 年)。形成殖民城市独立运动的基础最终在数十年后的第二次世界大战中趋于成熟。

94 # 第七章　破坏与重建,1914—1960 年

火车上挤满了刚刚入伍的新兵,横幅飞扬,音乐震响,我发现维也纳已整个儿陷入骚乱了。当初对战争的惊恐⋯⋯骤然变幻成了激情。大街上行进着各种队伍,旗帜、彩带以及音乐充斥四处,那些初出茅庐的新兵得意洋洋地前进着,脸上满是喜悦与光彩,他们——都是些平日里默默无闻的普通人⋯⋯一座拥有二百万人的城市,一个近五千万人的国家,在那一刻以为自己置身于世界历史之中,仿佛那时刻转瞬便要消逝,于是每一人都将极渺小的自身投掷于灼热的群体当中,力图化解掉存有的各种私心。①

斯蒂芬・茨威格,奥地利杰出的文学家,他在自传中回忆起第一次世界大战爆发时人们的兴奋情绪。这些年轻人被卷入受城市生活滋养的爱国主义浪潮之中。城市居民,其中大多是中产阶级群体,沿街欢送着这些匆匆从戎的年轻人——一无所知地赶赴那场即将到来的身心俱创之中。

全世界居住在城市中的男女老少在 20 世纪上半叶经历了一系列深刻的毁灭。虽然工业化、城市发展、政治革命以及欧美建立海外帝国都产生了深远影响,然而这些事件最终趋于更加暴力的方向。两次世界大战不仅危害军人的健康与幸福,大量居住在城市区域的平民也饱受摧残。城市更易遭受攻击,比人口稀少的小城镇和农村发生危机的情况更多。战时的艰辛也引发革命运动,反之,物质性损害以及革命又导致了雄心勃勃的城市更新计划。

95 城市的密度及可使用的公共空间使它相对容易地调动起人们的积极性,从而支持自己的国家投身于一战的冲突之中。尤其是在首都城市,政府和成

① Stefan Zweig, *The World of Yesterday*, Helmut Ripperger, trans. (New York: Viking Press, 1943),223.

群结队的普通公民设法维持民众的士气。在伦敦、巴黎和柏林，出现了各种表现前线情况的大型展览（例如德国展出的是战壕模型），其目的都是使平民百姓与表面上为守卫他们而战的士兵们凝聚为一体。

战争胶着，停战遥遥无期，平民与战士之间的士气越来越成问题。虽然战斗几乎完全发生在非城市区域，但它给妇女儿童以及留守在家中的男人带来极大的困苦。这些逆境大部分发生在城市居民身上。当德国人进攻比利时的战争一开始，许多城镇被严重损毁了，尤其是鲁汶，在那里，德军放火烧毁了一所宏伟而古老的大学图书馆，其破坏程度甚于伊普尔。塞尔维亚的首都贝尔格莱德在奥匈帝国的猛攻之下也饱受摧残，在当时，这座城市的人口规模至少下降了 90%，从原来的 80 000 人减少到不足 8 000 人，文化、社会以及政治机构都丧失功能。

较大的城市则遭受空袭。德国轻型飞机在战争打响后的几周内首次袭击了巴黎，随后，齐柏林飞艇、哥达轰炸机以及远程火炮也被投入使用。战争结束之时，炸弹和炮弹已经造成近 500 人死亡，1 000 多人负伤。1918 年 3 月 29 日是最悲惨的一天。一枚炮弹落在巴黎市政厅旁边的一座教堂里，造成 88 名礼拜者死亡，68 人受伤。伦敦人同样遭到袭击。发生在 1917 年春天的爆炸导致 162 人死亡，432 人受伤。在整个战争期间，至少有 1 000 名英国首都居民在自己的家中死于非命。英国空军同样也反击了德国城市，他们投下比德军轰炸英国城市时多两倍的爆炸量。如果测算鲁汶和贝尔格莱德在两次大战中的损失，就会发现巴黎人、伦敦人以及柏林人在一战中的损失其实是很小的。然而极为重要的是，所有的事件都迫使城市居民意识到：一个同时影响平民与士兵的全面战争新时代已经来临了。

尽管狂轰滥炸只影响了少数几个大型城市，而且是偶然的，但大部分城市人口每天经历的贫困却是长期的，持续不断的"总体"战争使越来越多的士兵和平民因贫苦而牺牲。例如爆发于城市地区的食物短缺，在欧洲主要参战国的首都尤其显著。食物供给不足问题在柏林和维也纳最为严重。德国首都禁止从英国驶来的货船，过去从俄罗斯进口的粮食也难以获得，征召农业工人入伍服役，同样加剧了供给短缺的困难。在 1916 年至 1917 年的冬天，严酷的境遇达到最高峰。在此期间，许多柏林人除了萝卜之外几乎没有其他食物，他们过去的消耗品——猪肉和土豆的价格全部直线飙升。可以肯定的是，几乎没有柏林人死于饥饿，然而营养不良的现象却变得越发普遍，这就导致了人们罹患致命疾病，如肺结核的比例大幅上升。此外，还出现更多的道德败坏、不满和社会失调。类似状况也发生在维也纳。由于在柏林的富人依旧吃食无忧，这又加剧了中低阶层的不满情绪。一份 1918 年的治安报告称："民众的苦难指向……主要针对富人……港口居民深深怨恨着食物供应分配的不公。"①

　　各州与地方政府试图平息民众的怒火并维护社会秩序，对政策的诉求也就促使政府对城市社会领域的干预变得明显起来。19 世纪后期，对这类政策的强化首次显现出来。特别是在自治层面，城市领导人不断抛弃自由放任的原则。在慈善组织的帮助下，政府官员创造了新方法和新机构，旨在为有需要的人群提

97

　　"农民们，承担起职责，城市正在挨饿。"由这类话语组成的海报标题出现于第一次世界大战期间的德国，显示出中欧城市居民的困苦源于德国港口对英国货品的封锁。Library of Congress，LC-USZC4-12068.

---

① 引自 Maureen Healy, *Vienna and the Fall of the Habsburg Empire：Total War and Everyday Life in World War I* (Cambridge，UK，and New York：Cambridge University Press，2004)，61。

供食物、燃料、医疗、家庭与社会服务，从而促进社会福利的分配。这些援助首先面向的是丈夫服役的家庭妇女。租金控制以及配给措施也大量出现。这些所有形式的社会行动以及许多其他满足居民需求的措施都起到维护国家团结的作用。

努力的成效是有限的。城市服务越发成为对战争、社会和政治现状的直言不讳的挑战。反战示威和罢工变得普遍起来，有些行动还将矛头指向政治、社会和经济权力的分配方面。然而，最初由城市环境培育起来的支持战事的爱国主义持续了一段时间，城市居民和士兵却不得不克服反对国家团结的那些影响。虽然城市革命始于 1789 年至 1848 年间，但新一轮革命行动则出现在第一次世界大战期间。

俄罗斯革命的爆发首先由于帝国政权的崩溃，随后的战败则使得国内艰难的状况变得特别严重，尤其是在城市。1917 年 3 月，在彼得格勒（圣彼得堡的前身，一座长期受西方影响的城市）的俄罗斯妇女们发起对食品短缺的抗议。纺织和弹药工人也罢工了。诸如此类的抗议活动凝聚起普遍性的厌战情绪，削弱业已存在的对沙皇政权的支持。勉为其难的警察和士兵强行镇压示威者和罢工者，很快导致沙皇尼古拉二世的退位并建立起一个临时政府，其成员主要来自上流社会的自由主义者，而过去沉寂的布尔什维克分子则反对这批人。布尔什维克领袖弗拉基米尔·列宁在春天回到俄罗斯首都，在此之前，他在瑞士经历了数年的流亡生涯，他利用在彼得格勒的工人与士兵委员会（例如苏维埃）中布尔什维克分子的基石力量，为自己铺平了通往权力之路。11月，布尔什维克强制取代临时政府，后者的成员完全被列宁的承诺击垮了——俄罗斯将退出战争并许诺给本国民众提供面包和土地。

在《震撼世界的十天》（*Ten Days That Shook the World*）中，美国激进派记者约翰·里德描述了克里姆林宫墙附近的一场大型葬礼，布尔什维克在彼得格勒发动夺权战争的两天后，莫斯科为此丧身了 500 人：

> 通往红场的所有道路都被挤得水泄不通，这些成千上万的人群看上去一贫如洗又饱经风霜。一支军乐队演奏起《国际歌》，不由自主地，这首歌的旋律开始像海面上的波纹般，一波一波，缓慢而庄严地向四周传递……苦涩的氛围席卷了整个广场，人们高举起标语横幅。今天，那些从城市偏远地区各个工厂聚集起来的工人抵达了这里，抬着他们的亡者……送葬的队伍行进了整整一天，红色标语汇聚成河流，那上面写着人

98

们的美好期望，兄弟团结以及举世瞩目的预言，冲击着由五万人组成的幕布——全世界的工人及其子孙后代都将永远铭记此刻。①

99   在莫斯科，城市成为无产阶级革命者向工人同志们致敬的舞台，这些工人在建立新政权的过程中奉献了自己的生命。

在俄罗斯西面的几座城市中，每个城市所属的国家都像俄罗斯那样战败了，因而革命活动家就试图效仿布尔什维克的改革。德意志帝国战败，德帝退位后，在1918年的秋天德国成为一个共和国，德国共产党的成员则于1919年1月企图在首都发动政变。几个月后，受苏维埃感召的共产党在慕尼黑——巴伐利亚的首府为夺取政权进行了类似的尝试。与此同时，1919年3月，共产党员库恩·贝拉在匈牙利首都布达佩斯夺取政权，建立起苏维埃式的"无产阶级专政"。虽然所有这些努力最终都屈服于反革命势力，但这些革命者的行动也反映出在战败的影响下，城市革命激进主义的潜在趋势。

布尔什维克领导人相信自己政权的存在依靠着由他们影响的俄罗斯以外地区革命同志取得的成就，在20世纪20年代早期赢得与反革命分子展开的内战后，俄罗斯改名为苏联。因此他们能够强化对其余前革命（prerevolutionary）社会的攻击，促使他们也建立一种新政权。快速城市化的推进与快速工业化及集体农业运动息息相关。数以百计的新城市，如马格尼托哥尔斯克（Magnitogorsk），因遍及乌拉尔山脉和西伯利亚的天然资源，这座城市成为生产钢铁的中心。莫斯科在1918年成为新首都，人口从当年的170万人增加到1940年的450万人，也主要是由于工业扩张的结果。

莫斯科的发展伴随着对城市景观大胆的改造政策。1935年11月，莫斯科规划部门的领导列弗·珀奇克（Lev M. Perchik），奚落了那些希望保留老莫斯科的人：

> 我们已经彻底扼杀了那些反动观点和看法。现在不会再有人那样说了，因为数百万的人群从经验中得知，莫斯科不可能在婴儿期住在另一种石头襁褓里。我们有时还听到某些胆怯的声音，抱怨说外科手术的方式太猛烈了。这样声音只能令我们哄堂大笑。没有人会坚持保留一间损坏

---

① John Reed, *Ten Days That Shook the World* (New York: Modern Library, 1935), 257 – 258.

的建筑，而我们很容易就能找到类似的几十幢损坏的建筑。我们不动用　　100
手里的手术刀就没法将莫斯科建成一座城市。[①]

　　革命政权需要一个能反映革命性变革的首都，而拆除旧建筑则为城市更
新奠定了基础。

　　尽管大多数类似的愿景不过是一纸空文，但是莫斯科的重建仍拥有一个
著名例子，即作为基础设施的城市地铁。莫斯科第一段地铁总长为 11.6 千
米，于 1935 年投入运营，1938 年线路总长被增加到 26 千米。地铁站内大量装
饰着（从墓园里搬来的）大理石以及青铜材质制作的各类雕像、彩色玻璃、马赛

"整座莫斯科都在建造（莫斯科）地铁。"地铁从 20 世纪 30 年代中期开始修建，自豪
地歌颂了苏联向成为更加现代的社会前进了关键一步。建造工人的贡献以及莫斯科民
众获得的福利都受到特别的关注。HIP/Art Resource, NY, AR931838.

---

① Timothy J. Colton, *Moscow: Governing the Socialist Metropolis* (Cambridge, MA: Harvard University Press, 1995), 267.

克以及水晶吊灯，地铁站以及地铁车厢给乘客留下深刻的印象，展现出共产主义政权有利于推动城市进步的形象。

101　　在莫斯科建设地铁的几年间，纳粹德国的侵略威胁令许多观察家倾向于认为战争将再度爆发——已经发生了西班牙内战（1936—1939 年）——它对城市的影响是毁灭性的。1938 年，英国作家西塞莉·汉密尔顿（Cicely Hamilton）发现伦敦处于特别脆弱的境地，"许多平民感到恐慌"，相比其他国家的首都，英国伦敦更可能卷入战争。同样在 1939 年，医生西德尼·维尔·皮尔森（Sydney Vere Pearson）写道："人口稠密地区的缺点……暴露于战争时期，以及将遭受空袭和食品运输困难的战争谣传时期。"伦敦是"地球上最薄弱的地方……是大英帝国的阿喀琉斯之踵"。① 虽然汉密尔顿和维尔·皮尔森关注伦敦，但他们的观点都指明一个更为普遍的现象：作为工业、政治和文化中心，大城市越发成为战争谋划者锁定的目标。

　　在二战期间，诸如汉密尔顿、维尔·皮尔森以及其他人表达的担忧完全展现出来。这场战争对城市人口的影响比 1914 年至 1918 年间更为直接和严重。武装冲突摧毁了无数建筑和各类城市基础性设施，造成数以百万计的城市居民死亡，而其中只有少部分是军队人员。二战对城市居民的破坏性影响比之前以及随后的任何战争都更为严酷。

　　在二战初期，以德国空军为首发动的闪电战迅速而广泛地毁灭了敌对城市。在 1939 年夏秋之交，华沙在几周之内几乎被德国轰炸机夷为平地。1940 年春天，纳粹将战争引向西方，荷兰港口城市鹿特丹也遭受了类似的攻击。由于法国的快速投降，德国人在 1944 年撤出法国首都，使得巴黎能够幸免于难。相比之下，从 1940 年夏天一直到 1944 年，伦敦、考文垂、曼彻斯特和利物浦屡次遭到德军的狂轰滥炸。这类以"闪电战"闻名的战争策略毁灭了英国大量城镇，并使得成千上万的人失去生命。

　　空袭不仅在物质层面造成损失，还给人的生理和心理带来伤害。虽然伦敦人决定"保持冷静，继续前行"，但维持镇定通常是极为困难的，许多大都市

102　的居民都反复出现了绝望情绪。1941 年 9 月 17 日，一个在空袭期间家园没有

---

① Cicely Hamilton, *Modern England, as Seen by an Englishwoman* (London: Dent, 1938),173 - 174; Sydney Vere Pearson, *London's Overgrowth and the Causes of Swollen Towns* (London: Daniel, 1939),9.

受到任何损毁的女人，在某个特殊的夜晚，仍然歇斯底里地道："我受不了了，我受不了了。如果今晚警报声再度响起，我一定会死。"另一个伦敦人也说道："我已经筋疲力尽，已经不能再像一开始那样意志坚定了。"一位建筑工人也描述了自己妻子的困境："血肉之躯变得越来越恶化，到了再也不能忍受的地步——这样的夜复一夜，使人无法忽视。我的妻子，我想让她摆脱这一切，她正变得像个疯女人。"①

遭受更大困苦的是列宁格勒的居民，他们经历了持续 872 天的围攻，从 1941 年 9 月初直到 1944 年 1 月下旬，最后德军发现自己处于被动状态，终于停止歼灭这座城市居民的行动。在围城期间，痛苦与不幸源于不断的炮击以及食物和家庭燃料的缺乏。粮食短缺的程度远甚于一战，一个俄罗斯女人从 1942 年 1 月至 1942 年 4 月写下日记，她写道："人们担心着，并且总在讨论他们（的政府）是否将发放 15 克或 20 克的鲱鱼，10 克或 12 克的糖，但两者都不能填饱我们的肚子。将我们带向毁灭的是那些被封锁的物资，能获得的数量比通常养育婴儿需要的辅食还少得多。"她还描述了一具坐在雪地上亡故之人的尸体，尸体倚靠着一根靠近音乐厅入口的路灯柱，"包裹着破布……一具被撕扯掉内脏的骨架"。② 战前列宁格勒拥有 300 万人口，在完全围困期间，大约有 100 万及以上的居民因德军封锁而丧生。

早在 1940 年 8 月 25 日，英国轰炸机就空袭了德国城市，在 1941 年下半年美国参战以后，类似的空袭明显增多了。柏林一名名为露丝·安德里亚斯-弗里德里希（Ruth Andreas-Friedrich）的记者记录了 1944 年某一夜敌军空袭造成的影响：

> 一切正在崩塌、毁坏、晃动、爆炸、颤抖，我们好像身处空中院子里那层狭窄的地板之上。一个接一个的炸弹落下，我们希望自己能够从尘土中爬起来，但浓烟却刺痛了我们的双眼。我们的邻居也遭受袭击了吗？我们不知道。我们知道自己困顿而荒芜，极度需要帮助……（最后）一切都变得清楚起来！现在，又一间房屋正屹立在废墟之上，一个女人尖叫着

---

① 引自 Tom Harrison, *Living through the Blitz* (New York: Schocken Books, 1976), 95。

② 引自 Cynthia Simmons and Nina Perlina, *Writing the Siege of Leningrad: Women's Diaries, Memoirs, and Documentary Prose* (Pittsburgh, PA: University of Pittsburgh Press, 2002), 50 - 51。

103

跑过，她披着一条马鞍褥，面孔因恐怖而扭曲。街上渐渐有了人气，越来越多的人出现在烟雾、废墟以及可怕的毁灭之中。他们说共有 48 枚炸弹袭击了我们所在的地区。亡者不计其数，他们被瓦砾和石头击碎和湮灭，范围之广达到无法施予救援的地步。①

安德里亚斯-弗里德里希描绘了一幅这样的景象：一个国家（在袭击了其他国家之后）的城市居民也遭遇敌军的空袭。

德国的诸多城市，尤其是汉堡、科隆、德累斯顿同样受到严重攻击。战前，科隆拥有 777 000 人，到 1945 年 3 月则下降至 40 000 人，一部分是因战争亡故，另一部分则是由于出逃。英国作家斯蒂芬·斯彭德（Stephen Spender）在当年夏秋季节游览了欧洲大陆之后，这样描述科隆：

> 通过那里时，我的第一印象是不存在一间房屋，虽然很多墙面竖着，但不过是一些薄薄的断壁残垣，立在潮湿、凹陷、烧毁的内室轮廓之前。整个街道上除了墙面之外，其他都被夷为平地，但这些墙更加突显出灾难与压抑的氛围……如果有人穿过一条条街道，就会发现房屋的窗户空洞而黝黑，像一具具烧焦的尸体，窗户后面散落着地板、家具、玩具和书籍，它们全被掩埋在建筑物之下，成为湿漉漉的碎块。

斯彭德还描写了他在街上看到的人群，鲜明地比较了科隆的前世今生：

> 几年前，人们可以在这座城市中浏览商店橱窗，或者正等着去电影院、歌剧院或者拦下一辆出租车。他们曾经同样是一座伟大城市的普通居民……当时这具腐烂的尸体——这座莱茵地区的中枢城市，曾是一个购物中心，充斥着玻璃建筑、餐馆以及四通八达的商业街道，分布着许多银行和公司的总部，一座精美的歌剧院、剧院以及电影院，夜晚的大街也华灯如昼。②

---

① 引自 David Clay Large, *Berlin* (New York：Basic Books, 2000)，350。
② Stephen Spender, *European Witness* (London：Harmish Harmlton, 1946)，14 - 17.

科隆曾经繁荣而典雅，然而大规模的空袭却造成这座兴旺之城变为一片荒芜的废墟。

战争对东亚城市造成的打击也非常惨重，日本在欧洲战争爆发的两年前就展开了军事扩张。1937 年日军全面入侵中国，对士兵和平民造成残暴的伤害。日军的破坏最明显的发生在当时中华民国的首都——南京。

日军捕捉了士兵以及成千上万的平民，并且奸杀妇女。美国传教士费吴生（George Fitch）当时住在南京，他描述了 12 月 4 日发生的惨状：

> 这十天来，完全处于无政府状态，如同人间炼狱……（人们）不得不袖手旁观，当最贫苦之人最后拥有的财产也被夺走之时……当你与成千上万被收缴武器的士兵一起寻找庇护之处，还有数百名无辜的平民在你眼前被射杀或刺杀，屠杀的枪声不可阻挡地钻入你的耳中；当一千名妇女跪在你面前歇斯底里地哭泣，求你将她们从掠夺自己的野兽手中解救出来——而后，再看看这座你钟爱的城市……她被大火蓄意而彻底地烧毁——这就是我从未设想过的地狱。①

迄今为止，这场暴乱远远超过发生在其他城市中的同类暴行，成为随后几年战争中更凄惨的平民丧生的前奏。在欧洲，陆军和空军的进攻往往招致暴力反击，然而，通常受到惩罚的是没有直接参与战争的平民。东京也经历了一连串空袭，最大规模的发生在 1945 年 3 月 9 日。在那一天，325 架美国重型轰炸机向经过深思熟虑的目标——日本首都投下约 100 万吨炸药，造成居民区大范围的火灾，其结果导致 10 万名居民死亡，3 月 9 日也成为整个二战期间死伤最惨重的日子之一。8 月 6 日，三架轰炸机飞向广岛投下原子弹，相当于 13 000吨 TNT 当量。三天后，他们在长崎引爆第二枚原子弹。

40 年后，广岛原子弹爆炸中一位名为山冈美智子的幸存者，回忆了她距爆炸地点半英里时的感受：

> 没有人看起来像人类……所有人都呆若木鸡，人们失去了说话的能

---

① 引自 Ins Chang, *The Rape of Nanking*：*The Forgotten Holocaust of World War II*（New York：Basic Book，1997），154。

力。人们无法尖叫："疼啊！"人们也没法说："烫啊！"他们只能坐在火里。我的衣服和皮肤都在燃烧。我当时编着辫子，但那时却变成狮子的鬃毛。有人几乎不能呼吸，试图将自己的肠子塞回体内。有人的腿扭曲了，有人已经没有头颅，还有的人面部灼伤变得肿胀变形。我在当时看到的是一幅活生生的地狱景象。①

105   到 1945 年底，两座城市丧生的人数大约达 200 000 人（包括之后因辐射病而去世的人群）。此外，无数建筑物毁于一旦。

并非所有大城市在战争中的遭遇都是相同的。柏林人比伦敦人经历了更多的破坏，反过来伦敦人的损伤又比巴黎人更多。另外，在某些方面纽约和底特律则是受益者。在 1940 年至 1950 年间，纽约人口从 746 万人增长到 781 万人。就像其他美国城市一样，纽约摆脱大萧条的部分原因是依靠迅猛发展的制造业，无数男女从事与战争相关的职业。布鲁克林海军工厂成为世界上最繁忙的造船场所，拥有超过 75 000 名员工，这个工厂建造的战舰比全日本生产的都要多。城市的服装行业，在 1942 年收到超过 120 万件大衣的订单，不断产生着大量的军装。在底特律，工业产出也蓬勃发展，人口从 1940 年的 162 万人增加到 1950 年的 185 万人（就百分比而言，增长率将近纽约的 3 倍）。成熟的汽车工业使底特律成为制造坦克和其他军用车辆的天然中心。

战后，被破坏的城市区域要求掌权者承担明确的责任，政府花费了很长时间才解决及时供应食物、水、燃料和医疗的问题，此外还必须重建勉强可供人居住的场所。政府当局在战争期间已经开始策划，如果没有这些方案，居民就不可能从农村地区返回曾逃离的城市。受国家援助的城市重建总方针成为复兴的重要方面。在这点上，城市规划者（通常是新政权下的公务人员）越来越扮演起关键性角色。

成本低廉的新住房占据主要地位。德国首屈一指的现代主义建筑师马克斯·陶特（Max Taut）在 1948 年向密斯·凡·德·罗（Mies van der Rohe）写信道：

---

① 引自 Haruko Taya Cook and Theeolore F. Cook, *Japan at War: An Oral History* (New York: The New Press, 1992), 385。

　　我思考最多是一个人怎样才能最快最好地建造屋顶。这是此刻我从事的最小、最适度，也是对我而言最重要的任务……我们将不得不限制自己去设计最简洁的建筑，甚至出现在（大规模重建）开始之前，也许数十年之后，我们将只能满足于临时建筑……实际上我并不反对幻想，时而设计什么"空中楼阁"，但是，不要因此忘记和忽视真正的现实。①

106

　　建筑师发现最具吸引力的典型例子是西柏林建于 1957 年至 1961 年间的汉萨街区（Hansaviertel），那里是体现国际现代主义的名胜地。但是，大部分欧洲城市中最流行的住宅或公寓则讲究纯粹功能性，并且是相对便宜、普通和单调的。这类建筑既没有繁复的装饰，也没有式样创新，在 20 世纪 50 年代大量地出现在德国和欧洲其他国家的城市之中。其他问题也同样阻碍通过重新设计来实现现代化城市。整改现有的街道和地下管道的布局太过昂贵，也很难改变土地所有权的模式。很显然，从根本上改造城市并不可行。

　　尽管成本高昂，但在许多城市中，修复建筑物的活动则变得兴旺起来，尤其是对市中心历史建筑的修复——包括老式住宅、教堂以及市政厅等公共建筑。早在 20 世纪 50 年代，参观汉堡、慕尼黑、纽伦堡、法兰克福、罗腾堡等城市的游客就会对那些被战争损毁的地方感到惊讶，许多建筑物看上去就像诞生于诸世纪之前一样。

　　对复原历史建筑的资金投入不仅出现在资本主义的西欧，也同样出现在苏联控制下的东欧。一般来说，共产主义者应该倾向于诋毁作为进步大敌的修复思潮。然而，苏维埃政府却重建了列宁格勒的冬宫，并将之作为国宝。那些出现在各地的建筑修复杰出案例，其背后都藏有铁幕。在德累斯顿，东德人精心恢复了茨温格宫，它是建于 18 世纪的重要的艺术博物馆。与此同时，波兰人将曾经的私有土地实行公有制，对首都华沙的全部街区进行了改造，以至这个城市变得好似在战争中毫发无损，而实际上 90％的建筑物都曾毁于战争。苏联也同样开展了城市重建工作。

---

① 引自 Jeffry M. Diefendort, *In the Wake of War：The Reconstrwction of German Cities after World War II*（New York and Oxford, UK：Oxford University Press, 1993），63。

107

　　大量的欧洲城市，包括在二战期间遭到严重空袭破坏的德国城市纽伦堡，在1945年战争结束后的二十年内，纽伦堡主要进行了城市重建。人们努力恢复或重建老建筑，仿佛它们从未被损坏过。（图片由作者提供。）

108　　　莫斯科人见证了另一种对纯实用性的背离。根据斯大林的成就，他本人被设计成一个强大的国家英雄领袖的形象，苏联首都新建了像"结婚蛋糕"式的七座摩天大厦——通常将该风格称为斯大林式建筑（Stalinesque）。这些建筑华丽而浮夸，反映出斯大林对气势磅礴的痴迷远比改进俄罗斯民众住房的愿望更为强烈。这样的建筑在由独裁者统治的国家中较为常见，而不太可能出现在民主和资本主义的西方。

在日本，城市的破坏比欧洲更为广泛，岌岌可危的国家状况迫切需要补救。日本政府将 115 座城市指定为战后重建计划的候选城市，被破坏的区域接近160 000英亩。曾居住近 970 万人的超过 230 万栋住宅，已是一片废墟。在东京，大部分人口密集地区成为大火的牺牲品，还有 750 000 栋房屋被毁坏。

日本的城市规划者提出雄心勃勃的城市改造计划。由政府官员石川荣耀（Ishikawa Hideaki）提出的深远计划旨在彻底转变国家首都的规划。他呼吁将城市划分为副城市（subcities），每个副城市的人口数量在 200 000 人至300 000 人之间，并且由环状、放射状的车道和绿化带构成网络。然而，东京外围也需要重建，出于财政考虑，石川的计划没有实现，彻底改造城市布局的建议也无法在日本其他地区推广，对现有基础设施加强整修的迫切需求像欧洲一样阻碍了日本。

在日本，现代性创新与历史建筑复原的情况要比欧洲少得多，大量日本建筑采用木制，在轰炸中留存极少，大部分需要重建，而财政紧缩在任何情况下都是不能攻克的。

即使结果是展现美学和历史性的重建都没有实现，但日本还是对被炸毁的建筑进行了诸多整修尝试。虽然战争结束初期住房方面的改善较少，但1945 年至 1950 年间东京的人口翻了近一倍，紧随其后的是一场经济大繁荣，朝鲜战争的爆发使建设事业显著增多。受政府支持的大型公寓在市郊建设起来，还出现城市中心建设私人办公大楼的高潮。在随后的几十年中，欧洲城市变得越来越繁荣，部分原因是采用了创新的建筑式样。然而，日本的年轻一代与自己战后祖先之间的代沟越来越深，尽管 1949 年广岛被选为和平纪念城市，还在城市中心建了一个大型的和平纪念公园来继续提醒人们——他们和自己的先人曾经经历的困境。

韩国的战后重建与日本统治终结密切相关，他们渴望用独立的形象取代被日本殖民的印象。在首尔，韩国人拆除日本人建造的建筑数量是亚洲最多的国家之一，他们还在原址上重建了许多宫殿。

1945 年至 1960 年间，欧洲和东亚（菲律宾首都马尼拉也出现大规模重建）那些饱受战争摧残地区的重建记录令人印象深刻。尽管就城市重建而言，资本主义民主国家要比社会主义国家的成就更引人注目，但诸多城市复兴之举都非凡地证明了城市正是人类文明的中心。

109

第八章　1950 年以来的城市
　　　　衰退与增长

在《底特律：对美国的解剖》一书中，记者查理·勒德夫（Charlie LeDuff）这样描写了他的家乡：

> 今天，这座新兴城市已经萧条了。这是一个可怕而愤怒的地方，充满了废弃的工厂、家庭以及那些被遗忘的人群。底特律曾让国民过上居者有其屋的日子，然而现在却丧失了抵押品赎回权。这里的市中心已是居住幽灵的摩天大厦博物馆。树木、柳枝以及野生动物回来"接管"这个合法之处，连土狼也在这里出没。鸽子成群结队地离开。像旧金山和曼哈顿这样大小的城市可以很好地填入底特律的空地……曾经底特律是这个国家最富有的大城市，但她现在却变成最贫穷的一个。这里是文盲与辍学生的故乡，孩子必然会把书留在学校，还得从家里带厕纸。这里是失业者的故乡，有一半的成年人没有稳定的工作。消防队员没有靴子，警察没有汽车，教师没有铅笔，市议员被联邦调查局电话监听，太多的祖母流不出眼泪。①

勒德夫深刻地悼念了这座曾经富裕又充满骄傲，如今却濒临崩溃的城市。1950 年，底特律人口已达 185 万，它是美国第五大城市，规模超过它的只有纽约、洛杉矶、芝加哥和费城。市民为它的繁荣昌盛而感到自豪。20 世纪20 年代开始，底特律的经济迅猛发展，它成为世界上最大的汽车生产区，满足美国战后急剧增长的消费需求。与此同时，底特律艺术馆也成为美国最顶尖

---

① Charlie LeDuff, *Detroit: An American Autopsy* (New York: Penguin, 2013), 4 - 5.

的艺术博物馆之一。

然而，底特律还是戏剧性地衰落了。在发展高峰期后的每十年间，底特律的人口都在大幅下跌。根据 2010 年的人口普查，自 1950 年以来底特律的人口下降到 777 000 人，已急剧下降了 58％，而截至 2013 年，底特律的人口仅剩700 000 人。制造业就业岗位量已从 296 000 个下降到 27 000 个。2013 年，城市中的 78 000 幢建筑是空置的，家庭收入中位值仅是密歇根州总值中位数的一半，全城 36％的居民生活在贫困之中。城市债权人、员工和退休人员背负着约180 亿美元债务，这座城市的债务将永远无法偿还。2013 年 7 月，因"应急管理"而任命的密歇根州州长宣布申请破产，当年晚些时候获得了司法批准。政府考虑通过出售底特律艺术馆中的绘画筹集资金，尽管这样做会伤害这座城市仅存的自豪感，但也几乎没有其他措施能补救底特律的基本预算问题了。

在 20 世纪下半叶到 21 世纪早期，主要分布在美国东北和中西部地区的城市同样遭遇了城市衰落。从 1950 年至 2010 年，水牛城的人口数量从580 132 人下降到 261 310 人，克利夫兰的人口数量从 914 808 人下降到396 814 人，匹兹堡的人口数量从 676 806 人下降到 305 702 人，圣路易斯的人口数量则从 856 796 人下降到 319 294 人。其他城市也在衰退，尽管程度尚不严重。费城的人口从 2 072 605 人降至 1 526 006 人，巴尔的摩的人口从949 708 人降至 620 961 人。人们背井离乡，降低的税收收入使地方政府对城市需求的供给变得越来越艰难。

导致城市衰退的一部分原因在于去工业化，这个现象影响着整个美国。从事工业生产的劳动力的比例从 20 世纪 60 年代的 35％下降到 21 世纪 00 年代末的 20％（欧洲大部分地区也受到影响，例如格拉斯哥，比利时的沙勒罗伊以及德国奥伯豪森）。但是，制造业就业机会的消失在城市中的影响最为深远，那些早年处于工业领导地位的城市逐渐成为"铁锈地带"的组成部分。底特律附近克利夫兰的许多炼油厂都关闭了，底特律本身也面临汽车工业的衰落。匹兹堡受到急剧下降的钢铁产量的严重影响，费城的火车头和纺织品的生产量也大幅缩水。这些城市中的制造业工人受到各种趋势的不利影响。生产率的提高导致对劳动力需求的降低。此外，雇主离开东北和中西部地区去往南部和西南部，那里的就业权立法与工会不合，使得他们能够支付更低的工资。而且，经济全球化也有利于海外成为产品的制造地（比如沃尔玛的纺织品由孟加拉国生产），那里的劳动力成本要比美国低得多。最后一个因素与人的品位相关：人们越发倾向

111

112

于购买本田或沃尔沃等外国制造的汽车，而不是雪佛兰和福特，这也导致工作机会被海外获得。这种失利趋势对底特律尤为有害。

去工业化伴随着加剧的郊区化。郊区源于 18 世纪晚期，中层和上层阶级的成员试图在伦敦和巴黎的郊区建立"资产阶级乌托邦"。[①] 这是一场居民居住到城市边界以外的运动，在 19 世纪非人口稠密的定居点广受关注。在这些年间，有轨电车以及其他交通工具也使美国人和欧洲人的生活与工作的两地之间的通勤距离变得更长了。

20 世纪的美国出现鼓励发展郊区的措施：越来越多的人使用汽车，联邦资助建造公路，或者提供资金建造新的独栋住宅，而白人也越发渴望远离数百万从南方迁移到北方城市的非洲裔美国人。郊区在 1945 年后显著增长。其中两处定居点，都命名为莱维敦（第一处建在长岛，第二处建在费城附近），被设计为新式郊区社区，在那里建造了成千上万的便宜而雷同的房屋。此外，许多先前建设的郊区——波士顿外围的牛顿、纽约外围的斯卡斯代尔、芝加哥外围的滨河、洛杉矶外围的帕洛斯弗迪斯等等郊区的居民数量也都增长了。结果到了 2000 年，超过半数的美国人生活在郊区，而在 20 世纪中叶，只有占总人口五分之一多的居民居住在郊区。

对郊区的评价褒贬参半。简·雅各布斯，一位颇具影响力的社会批评家，将郊区讽刺为落后的文化不毛之地，她深深惋惜郊区的增长造成了质朴自然与城市密度的衰败。她在其经典作品《美国大城市的死与生》中写道：

> 我们美国人……完全是世界上最贪婪而无礼地驱逐着野外与农村（的人群）……每一天，成千上万亩的农村土地被推土机吞噬，随后铺上人行道，再点缀一些代表郊区居民特点的东西……我们不可替代的遗产……农业土地被无情而不假思索牺牲成为高速公路或超市停车场，同样，林中的树木被连根拔起，小溪和河流受到污染，空气中充满汽油燃烧后排放出的废气……我们所创的半郊区和郊区化的混乱都将在明天遭到自己居民的鄙视，这些分布稀疏的定居点缺乏活力、持久力或者内在实用性的合理度。其中一些……能保持对一代人的吸引力，而后开始变成衰

113

---

① Robert Fishman, *Bourgeois Utopias：The Rise and Fall of Suburbia*（New York：Basic Books, 1987）.

退的城市灰色地带……从今往后的 30 年,我们将在如此广大的土地上积累起新的城市衰退问题,与目前的大城市灰色地带问题相比,将变得微不足道了……大城市附近需要真正的农村。农村……也需要大城市,那里提供各种各样的机遇与生产力,由此人类就拥有欣赏另一个自然世界而不是咒骂它的机会。[①]

尽管如此,数以百万计的美国人继续用脚投票,赞成居住到即使不算太远但属于城市边界以外的区域。

并非所有城市都能容忍这些趋势。一些老城市的状况相当好,没有后代的年轻人和老年人重视城市宜居度,往往迁往中部地区。纽约的发展慎重而老练,通往了一种真正的复兴,在 20 世纪 70 年代至 20 世纪 80 年代的困难期过后,纽约城市财富增长,犯罪率也降低了。波士顿的人口尽管减少了,但仍在蓬勃发展,这座城市受益于逐渐增多的学院、大学以及世界知名的医疗机构(同样必须补充的是,许多欧洲城市在战后步上复兴之路,巴黎、斯德哥尔摩和苏黎世从二战的伤害中恢复元气,欧洲的其他城市也各自享有声誉并成为吸引世人的场所)。

虽然有些美国城市时常经历衰落或者较为缓慢的勉强增长,但另有一些城市却波澜壮阔地发展起来。增长最快的城市组成了"阳光地带",这一区域囊括南部和西南部地区,其北面边界大约从北卡罗莱纳北部开始穿过亚利桑那州北部,再横穿加利福尼亚州南部。那里低工资、低税率、缺乏强有力的工会,而且在某些情况下,高科技产业的崛起也形成一种良好的商业环境,"阳光地带"内的许多城市呈指数增长。在 1950 年至 2010 年间,夏洛特的人口从 134 032 人增长到 731 424 人,达拉斯的人口从 434 462 人增长到 1 197 316 人,圣地亚哥的人口则从 334 387 人增长到 1 307 402 人。

一些国家由于早期经历欧洲和美国的帝国主义影响,国家总人口的增长通常发生在城市内部,一些特殊的城市区域还保持着最大规模,虽然这些区域的工业化和城市化一般落后于它们的前主人。这些区域随后成为"发展中世界"中的一员,通常是指除日本、韩国、中国台湾以外的东亚国家或地区,以及

114

① Jane Jacobs, *The Death and Life of Great American Cities* (New York: Vintage, 1963), 445 - 448.

除新加坡以外的南亚和东南亚国家,除以色列以外的中东国家以及非洲和拉丁美洲。这些地方的城市比殖民地自治化之前变得数量更多,规模也更大。据估计,所有发展中世界的城市居民(即定居点的居民数量达 5 000 人及以上)的数量在 1920 年至 1950 年间,从 1.29 亿人增至 2.59 亿人,占总人口的比重从10.8%增至 15.7%。无论如何,在二战后的几十年里,欧洲和北美以外地区的城市人口增长显著。从 1950 年至 1980 年间,这些地区的城市人口增幅超过 3 倍,达到 9.05 亿人,占国家总人口的比例也几乎翻了 1 倍,升至 27.6%。城市人口率增幅最大的是非洲(从 10.5%增至 23.5%)以及亚洲(从 14.5%增至 25.2%)。

在整个 20 世纪末期及随后的时间里,发展中世界的城市化程度保持高速发展。1975 年,全球有 15 亿居民居住在城市中,其中 7 亿人口居住在"北半球"(即发达世界),8 亿人口居住在"南半球"(即发展中世界)。到 2009 年,全球城市人口翻了 1 倍多(增长至 34 亿人)。全世界城市居民的数量显著增多。然而,发展中世界的城市人口的增幅比其他地方要更大,从过去的 8 亿人增至 25 亿人(增幅 212.5%),而经济发达地区的城市人口仅增长了 9 亿多(增幅 22.2%)。虽然欧洲、北美和日本的城市在 19 世纪快速发展,但在 20 世纪它们却不及其他地区的城市。因此到了 2009 年,更多的城市居民迁离了早前城市化较高的国家。

115　　　　无论是单个城市的规模还是全球最大型城市的分布情况都发生了巨变。1950 年时,伦敦仍是世界上最大的城市,纽约则紧随其后,然而在接下来的三十年里,上海超越了它们,前两者分别降至第 10 位和第 11 位,自 1950 年以来两座城市仅略有增长(而上海的人口增长了两倍多)——到 2013 年,伦敦和纽约已降至世界前二十位城市中的最末两位。1950 年,世界前二十位城市中共有九座以及前十位中的五座城市不是在欧洲就是在美国,而到 2013 年,前二十位中的三座城市落榜,而且没有一座能排进前十。

相似的结果也可以从分析世界上最大的"城市群"(agglomerations)中得出,这个术语很大程度上等同于"大都市区"(metropolitan areas)。这些城市群不仅包括法律意义上的自治城市,同时还包括附近环绕的人口密集区。城市史学家有时引用的是生活在这些更大区域内的人口数量,而不是官方界定的城市中的人口数量。大纽约在 1950 年拥有 1 230 万人,在随后数年中增至 2 010 万人,而大东京拥有 3 693 万人、大德里拥有 2 194 万人以及大墨西哥城拥有 2 014 万人。1950 年,在前二十名城市群中欧洲和美国拥有 11 个,但到 2010 年只剩下了纽约和洛杉矶。

　　尽管在 2009 年,发展中世界中相当多的居民仍然生活在农村地区(31 亿农村居民,25 亿城市居民),但自 1960 年以来这些国家人口率中的城市人口总体上升了 100％,达到大城市水平(有时称为"特大城市"),数值天平显然向发展中世界倾斜了。诸如上海、孟买、拉各斯和圣保罗都脱颖而出,成为主要的人口中心,与它们相比,除去零星几座欧洲和美国的城市以外,其余城市在

116

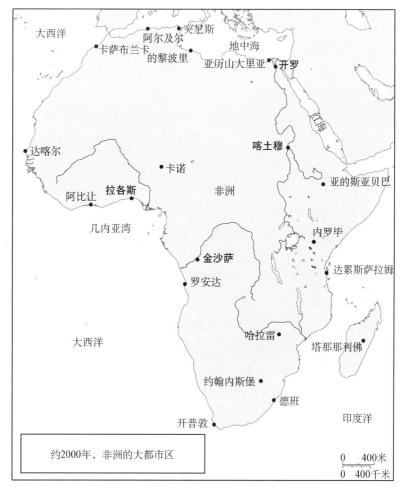

约2000年,非洲的大都市区

| 0 | 400米 |
| 0 | 400千米 |

　　尽管在工业革命时期,欧洲和美国引领城市增长,但随后世界其他地区的城市也逐渐崭露头角,尤其是在 1945 年以后。这张地图显示的是拥有 200 万及以上居民的城市群,黑体标注的城市则拥有 400 万及以上的居民。埃及的开罗以及尼日利亚的拉各斯,这两座城市的人口超过 1 000 万人,是世界上最大的两座非洲城市。(本图以尼克·利普萨宁制作的地图为基础并进行了修改。)

规模上都显得黯然失色。大体上来说，发展中世界大城市的发展是由两种结果造成的：人口自然增长（即数值上出生人数超过死亡人数）以及乡村人口向城市迁移。这些趋势降低了肺结核、疟疾和其他疾病的传播，使公共卫生获得巨大改善，大致上抵消了城市人口繁育能力造成的有关城市密度的负面影响。农村地区人口密度的增长——其出生率始终高于城市，农民生存的艰苦难以摆脱温饱型农业水平的影响，这种农业方式对促进城市发展也具有重要作用。此外，农村与城市间工资和收入的差距同样加剧了人口迁移。在亚洲和非洲的大部分地区，殖民地自治化也对城市发展起到了推波助澜的作用。早期控制移民的限制条件被取消，从而为受雇的公务人员在国家首都与区域首府创造了新的就业机会。

117

许多外在因素，例如教育和大众媒体也发挥了作用。1939 年，发展中世界中只有六分之一的儿童能够上学，到 1960 年，上学率已接近 50％，而从 20 世纪 80 年代开始则增至 85％以上。教育有助于使年轻人扩展视野，树立理想，与缺乏良好教育的父母相比，年轻人更向往农村以外的世界并为自己规划更好的未来。大众媒体则通常强调城市生活的积极面，也起到了类似效果，因此，第三世界拥有电视机的家庭数量占总数的比率从 1965 年的 1∶36 上升到 1985 年的 1∶6。此外，发展中世界的新政府也积极支持城市化。在中国，这种支持的表现尤为强劲。1976 年"文化大革命"结束后，国家领导人推行大量政策开展建设新城市的激励运动，这类举措是为了通过经济和社会现代化来提高国家在世界舞台上的地位。最后一个因素是摩天大厦的建造。摩天大厦源于芝加哥和纽约，至今在中国香港地区和吉隆坡等亚洲城市中统治着天际线，后续建造的摩天大厦都超越了第一栋建造的高度。假如没有摩天大厦，就不可能为所有人提供在大城市中居住和/或工作的空间。

不少关注城市生活的观察家也指出生机勃勃的城市生活中萌芽的弊端。在这方面，左派作家尤其锋芒毕露。英国作家和记者杰里米·西布鲁克（Jeremy Seabrook）在 20 世纪 90 年代中期撰写了关于东南亚和南亚城市雅加达、西贡、曼谷、达卡和德里中人们的生活状况，他对这些城市中的生活提出批判观点，似乎也适用于其他发展中区域：

> 不管贫民窟的利益和安慰如何，大部分居民获得的是有损害的结果，他们健康不佳，生活拮据，极度不适……第三世界中至少有 6 亿城市居民

生活在危及生命的家庭和社区之中。更多的人缺乏安全,他们的家园面 118
临风险,将被清除、燃烧或被夷为平地,只因为那里的土地价值不断上
涨……就每一个社区经历的故事而言,其中还有不少被贫民窟头目、毒品
网络、帮派以及枪支支配着。[①]

　　根据西布鲁克所撰,大量居住在发展中世界大城市的人群都忍受着极不
安全的生活条件。

　　2006 年,一位颇具影响力的社会批评家和理论家——迈克·戴维斯揭示
了一颗"布满贫民窟的星球",戴维斯的描述从亚洲的城市曼谷、北京、达卡、德
里、伊斯坦布尔、雅加达、卡拉奇和上海,到非洲的城市开罗、内罗毕、拉各斯、
罗安达和金沙萨,再到拉丁美洲的城市墨西哥城、波哥大、加拉加斯、圣保罗、
里约热内卢和布宜诺斯艾利斯,他总结性地批判道:

> 　　未来的城市(戴维斯选取的是发展中世界的城市)不再像前几代人设
> 想的那样将由玻璃和钢铁建造,而是由粗砖、稻草、再生塑料、水泥砖以及
> 废木头堆砌而成。取代高耸入云的城市之光的是,21 世纪城市世界中将
> 有一大部分蜷缩在肮脏之中,周遭充斥着污染物、排泄物和腐败物。事实
> 上,那些居住在后现代贫民窟中的十亿名城市居民很可能会妒忌安纳托
> 利亚高原地区恰塔尔休于那些结实的泥房子遗址——它们诞生于九千年
> 前城市生活初萌之时。[②]

　　戴维斯的观点比西布鲁克的更为悲观。他描绘了一幅极度消极的城市画
面,不断强调大量发展中区域的城市中出现的污秽、疾病和衰落问题。

　　破旧住房拥挤的程度与影响,以及贫民窟内数亿名无家可归者生活的艰
辛与堕落尤为严重。这类人群数量的增长速度要快于城市居民总数(截至
2000 年,已超过世界城市人口的 30%),人类社会面对的是群体性的极端困
境。在 1967 年,一群外国城市规划家曾受邀前往加尔各答,他们表示:"我们

---

① Jeremy Seabrook, *In the Cities of the South*: *Scenes from a Developing World* (London and New
　York: Verso, 1996),6,10.

② Mike Davis, *Planet of Slums* (London and New York, 2006),19.

认为在世界上任何城市中都看不见这样的衰落程度，问题的关键是加尔各答曾是最伟大的城市聚落之一，而现在则从经济、住房、卫生、交通以及基本的人性生活方面迅速崩溃。如果加尔各答最终衰亡，那将是人类的灾难，将比任何一种洪水和饥荒之类的灾难更为可怕。"①

119　　　近四十年之后，恐慌的英国记者报道了非洲一个大型城市中贫民窟的状况："在内罗毕西南部的郊区基贝拉，每平方英里都人满为患，那里是接近一百万居民的家园——占全城人口的三分之一。基贝拉地区中的大多数人都居住在由泥块或板条建造的单间棚屋内，或者是木制或石制的房子，通常没有窗户……肯尼亚进行了毫无顾忌的大规模非法扩张——缺乏卫生设施，没有道路，也没有医院。这是一个庞大的污泥堆，一段棕色的小河从其中贯穿而过。"②

　　　上图是里约热内卢的贫民窟(葡萄牙语 favelas)，人们高度密集地生活在一起，几乎没有城市服务。贫民窟通常与更繁荣的区域相邻。Album/Art Resource，NY，alb1466790.

---

① 引自 Norma Evenson，*The Indian Metropolis：A View Toward the West*(New Haven，CT，and London：Yale University Press，1989)，192-194。

② 引自 Alan Gilbert，"Poverty，Inequality，and Social Segregation，" in Peter Clark，ed.，*The Oxford Handbook of Cities in World History* (Oxford，UK：Oxford University Press，2013)，686。

在拉丁美洲的城市中,城市贫困人口在 2009 年占总人口的三分之一,过度拥挤相当普遍。在圣保罗和里约热内卢,贫民窟被称为 *favelas*(又称棚户区),建立在城市中心外围的陡峭山坡上。尽管贫困的人群居住在城市边缘,但他们与那些城市中心建造的雄伟建筑非常接近,这使得他们能将自己生活的地段与城市中更富足同胞的生活地段进行比较。

正如 19 世纪欧美的贫民窟那样,21 世纪第三世界中贫民窟中的生活以及发展中世界大城市中的生活,通常都隐藏着危害居民身体健康的可怕威胁。居住在贫民窟中的居民,他们的住房缺乏必要的地基,他们建起的窝棚存在被暴雨冲垮的危险。然而,贫民窟居民主要的问题是缺乏洁净的用水。戴维斯指出:"惊人的是,(孟买)总死亡率中的 40% 是由于水污染和糟糕的卫生条件引起的传染病和寄生虫病。"[①]许多城市居民因污水处理系统的缺乏以及安全饮用水的不足而丧生。例如,在内罗毕,贫民窟内 5 岁以下儿童的死亡率是这座城市总儿童死亡率的两到三倍;而在孟买的一些贫民窟中甚至没有厕所,有些贫民窟中虽建有一间厕所,却供 94 人共同使用。在约 2000 年,那里的死亡率比毗邻的农村地区高出 50%。

城市中的空气质量也在下降,新兴大城市中的居民越来越为呼吸担忧。蔓生的机动车对许多城市已造成不良影响。为了赶上发达国家中居民享有的较高的消费水平,其他地方的城市居民也蜂拥购买汽车。有些陈旧且价廉的汽车,燃油率比更现代的汽车要低得多,这也是污染空气的另一个来源。20世纪 90 年代末的墨西哥城,数以百万计的居民忍受着空气污染,这种困境是由于 300 万机动车排放废气以及一些额外因素造成的。为了在山坡上开展新建工程,人们砍伐森林,造成了土地侵蚀,大风扬起松散的尘土将它们变成空气中的灰尘。工厂排放物与人类排泄物的气味以及其他废弃物也产生着有害的影响。早在 20 世纪 90 年代,由于空气质量太差,墨西哥城市长曾宣布进入环境紧急状态,时间持续了一个月。

近期,飞涨的汽车量和各种其他因素产生出的过度烟雾已对中国城市产生非常有害的影响。《纽约时报》专栏作家托马斯·弗里德曼(Thomas L. Friedman)在 2013 年 11 月报道:"一场彻底的污染风暴袭击东北部工业城市哈尔滨,那里是 1 000 万人的家园。污染程度太过糟糕以至于连公交司机都迷

---

① Davis, *Planet of Slums*, 146 - 147.

了路,因为道路被雾霾笼罩,使他们只能看到前方几码的距离。哈尔滨政府官网发出警告称'汽车行驶时必须打开前大灯,且车速不得超过行人,司机在距离可见的红绿灯数米开外时就要反复鸣笛'。"①哈尔滨这样的极端案例屡次出现,即便这种情况目前在其他地方大幅减少了,但在北京和上海还是常常很难看清半英里外的实物。

不过,密集聚居的城市同样有助于成为经济、社会和文化的中心,并激励更进一步的发展。经济学家爱德华·格莱泽(Edward Glaeser)庆祝"城市的胜利":

> 我认为从长远来看,20世纪投身于郊区生活的热潮就像曾经昙花一现的工业城市热一样,更像是一个畸变而不是一种趋势。建设城市是困难的,密度虽产生成本,但同样也产生收益。这些成本非常值得,因为无论是伦敦华丽的拱廊还是里约的贫民窟,无论是香港的高楼大厦还是达拉维(孟买贫民窟)尘土飞扬的工厂,我们的文化,我们的繁荣,以及我们的自由,这些人们生活、工作、思考的所有馈赠都证明着——城市的最终胜利。②

越来越多的中国人涌入新建的公寓大楼之中,中国的城市(如上图所示的北京)遭受着交通拥堵以及空气污染的困扰。随着机动车取代自行车,以及煤炭的使用更加普遍,数量猛增的城市居民呼吸清新空气的需求变得越发艰难。(图片由罗伯特·莱昂斯〔Robert Lyons〕提供。)

---

① Thomas L. Friedman, "Too Big to Breathe?" *New York Times*, November 6, 2013, A23.
② Edward Glaeser, *The Triumph of the City: How Our Greatest Invention Makes Us Richer, Smarter, Greener, and Happier* (New York: Penguin Press, 2011), 270 – 271.

格莱泽认为城市居民激发的创新使得整个社会都能受益。① 城市总体经济增长已集聚起更多财富，人均收入增长，人们也能够获得更高层次的幸福。格莱泽甚至在修辞上提问道："贫民窟的好处是什么？"他回答，这个问题一定程度上存在争议，生活在贫民窟的人并不一定是可怜的，穷人搬迁并居住在这些区域是因为他们完全相信这里比非城市区域更能使自己摆脱贫困。他写道："城市贫困并不是美好的，没有贫穷是美好的，但里约的贫民窟，孟买的贫民窟以及芝加哥的贫民区始终在为穷人提供摆脱贫困的途径。"②

今天的公民与他们 19 世纪的欧美前辈遥相呼应，他们呼应的还有对早期城市的赞美，这可谓是数千年来一个永恒性主题。一位作家在 2002 年的《上海星报》(*The Shanghai Star*)中断言，在十年前，报纸"绘制出上海变迁的地图，她从一个落后的第三世界城市成长为一个全球最具活力的大都市……这数十年来，浦西(上海黄浦江以西地区)高层建筑的数量增长了十倍多，而浦东(上海黄浦江以东地区)也从沼泽与农田变为全球最惊人城市的一部分"。③ 在 2008 年，一位旅游指南的作者尼克·兰德(Nick Land)深深着迷于上海各种语言的出版物："在未来，几乎每个人最终都会聚集到这样一种地方，第一个最明显的征兆就是密集型经济趋势，即一座国际化的城市。上海超越本身漂泊无定的历史，将掌握的不只是明天……在 21 世纪初期，上海不再将自己仅定位于城市，而是向新兴的亚洲世界打开了一扇窗口，沉浸在国际魅力之中。"④

尼日利亚商人艾伯特·奥库玛巴(Albert Okumagba)高度赞美了非洲两大中心城市群之一的拉各斯。他热情洋溢地指出拉各斯繁荣的社会场景，"(这座城市)是典型而无与伦比的大熔炉，被那些永恒的艺术家、诗人、音乐家、广播、媒体从业者和娱乐经理人不断激励着"。他继续说："从我们的社交俱乐部和派对，到我们随处可见的对勤勉充满敬意的劳动场所……拉各斯居民的兴盛提醒着我们，当我们努力生活之时，一种普遍的人性才是最为重要

122

① Edward Glaeser, *The Triumph of the City*: *How Our Greatest Invention Makes Us Richer*, *Smarter*, *Greener*, *and Happier* (New York: Penguin Press, 2011), 7.

② Glaeser, *The Triumph of the City*, 90.

③ 引自 Jeffrey N. Wasserstrom, *Global Shanghai*, *1850 - 2010*: *A History in Fragments* (London and New York: Routledge, 2009), 1.

④ 引自 Wasserstrom, *Global Shanghai*, 124。

的。我相信这种社会凝聚力塑造了拉各斯……以某种方式经受住怀疑和繁
123 盛，尽管拉各斯仍然面临着诸多挑战。"①在这种观点中，文化的生命力，一个
充满活力的公民社会以及一种根本的团结被融合一体。

最后，对南美两大城市群之一——里约热内卢的溢美之词也于2016年出
现在里约热内卢奥运会的网站上：

> 在巴西超过400年的全盛期中……巴西现在的知识和文化中枢正致
> 力于为世界提供最伟大的体育节日……里约广为人知的是其优美之景以
> 及人们独特的生活乐趣。湖泊、海洋和郁郁葱葱的山脉使这座城市充满
> 着色彩与自然气息。人们能够在街头、酒吧以及海滩上与友好的里约人
> 邂逅，而夕阳也是一种罕见的美景，值得游客与本地人一起以一种放松的
> 心态享受盛宴。②

以此来看，里约充当了一个长期的文明城市中心，而且是广受赞誉的化
身。同时，这些信息也含蓄地表达出，虽然城市存在各方面的缺陷和问题，但
人们为了寻找更好的生活，仍然愿意选择居住在城市的原因。

随着气候变暖的加速，大量的滨海城市是否还能维持自身的吸引力，甚至
能够继续存续下去，仍是未知之数。但就这一点而言，我们获取的知识与发明
的技术必须能够对抗全球变暖带来的影响，因为首当其冲的正是我们赖以生
存的城市。如同遥远的过去一样，城市仍将继续成为勾勒未来图景的场所。

---

① Albert Okumagba, "A Personal Message from the CEO of BGL," in Kaye Whiteman, *Lagos: A Cultural and Historical Companion* (Oxford, UK: Signal Books, 2012), xiii.
② www. rio2016. org/en/rio-de-janeiro/rio-and-its-history.

年　表

125

约公元前 10000—约前 4000 年
新石器革命

约公元前 3500 年
乌鲁克以及美索不达米亚地区其他城市的出现

约公元前 2500—约前 1500 年
印度河流域城市的繁荣

约公元前 1800—约前 300 年
中国早期城市的发展

约公元前 1200—约前 700 年
腓尼基城市的鼎盛时期

约公元前 700—约前 600 年
中美洲第一批城市的建立

约公元前 600 年
巴比伦历史的繁盛期

公元前 5 世纪

雅典历史的黄金时期

公元前 332 年
亚历山大里亚的建立

公元前 3 世纪
印度华氏城历史的繁盛期

公元前 202—220 年
中国的汉代

公元前 27—14 年
古罗马恺撒·奥古斯都的统治

324—330 年
君士坦丁堡的建立

476 年
西罗马帝国的灭亡

约 570—632 年
先知穆罕默德的一生以及伊斯兰教扩张的开始

8 世纪
中国长安的繁荣期

8—9 世纪
玛雅城市的繁盛期

762 年
巴格达的建立

约 1000 年
欧洲城市复兴的开始

1275 年
马可·波罗到达北京

1348 年
欧洲的黑死病

15 世纪
佛罗伦萨历史的繁盛期

1453 年
奥斯曼帝国对君士坦丁堡的征服

1497—1499 年
瓦斯科·达·伽马从里斯本到印度的巡回航行

16 世纪
西班牙的发展以及葡萄牙人出现在拉丁美洲

1520 年
西班牙人对墨西哥特诺奇蒂特兰的征服

1590 年
日本江户繁荣的开始

16 世纪 90 年代
威廉·莎士比亚的戏剧开始在伦敦上演

17 与 18 世纪
英国在北美洲建立殖民地

1643—1715 年
路易十四对法国的统治

126   1666 年
伦敦大火

约 1760 年
英国工业革命的开端

1776 年
《美国独立宣言》在费城公布

1789 年
法国大革命在巴黎爆发

1800—1848 年
西欧与中欧工业化的开始

1815—1914 年
欧洲与美国城市高速发展

1848—1849 年
欧洲大陆的革命

约 1850—1914 年
城市改革派与城市政府的扩张作用

1858 年
英国政府宣称对印度大部分地区进行正式统治

1868 年
日本明治维新与现代化时期的开端

约 1875—1914 年
欧洲对非洲的控制

1914—1918 年
第一次世界大战

1917—1922 年
俄罗斯革命与内战

1931 年
纽约帝国大厦的建成

1935 年
莫斯科开始修建地铁

1939—1945 年
第二次世界大战

1941—1944 年
围攻列宁格勒

1945 年
对德累斯顿、广岛与长崎的轰炸

1946—1997 年
欧洲帝国的终结

1950 年
底特律历史的繁盛期

1950—2013 年
上海居住人口从 540 万人增长到 1 780 万人

2000 年
美国半数人口居住在郊区

约 2000 年至今
发展中国家的城市备受空气污染的侵扰

扩展阅读

139

致　谢

　　首先,我要感谢我在罗格斯大学的同事邦妮·史密斯,她要我为"新牛津世界史系列"撰写这本书,感谢她在过去的数年中给予我的评论、鼓励和建议。

　　我要万分感谢我的好友彼得·克拉克以及受他邀请的数 10 名贡献者,我与这个团队共同编撰了《牛津世界城市史研究》(2013 年),这些学者们提供的信息与解释对我个人的研究大有助益。在牛津手册中,他们对从古至今的城市历史进行了深入的调查研究,我很遗憾的是无法在此将他们的名字一一列举。在彼得的编撰团队中,我想提及的是尼克·利普萨宁,他制作了 20 幅优秀的区域地图,其中 4 幅被我稍加修改运用在这本书中。

　　本书全部的原稿经过一些学者仔细的阅读和评论,其中包括马克·布恩,他是牛津大学出版社的第二位读者,还有克雷格·洛卡德。他们的建议对我写作现代欧洲及美国以外地区的城市史发展尤其有益。

　　我还要感谢罗格斯大学肯顿分校及其他院校的许多历史学家,他们也对我的写作提供了有价值的帮助。格里·维布鲁格赫仔细审校了本书的前三章,帮助我修正了部分错误。尼克·卡普尔、夏琳·米雷斯、洛林·托马斯、琼·纽伯格以及南希·斯坦哈特则回答了我知之甚少的专业问题。罗格斯大学肯顿分校罗伯逊图书馆的约翰·吉布森为本书中的插图制作了出色的数码照片。

　　感谢牛津大学出版社的南希·托夫和凯伦·费恩,他们不断将拙作向广泛的读者传递。我还要感谢凯特·纳恩在本书的出版过程中给予我的专业指导。

　　我最深的感谢一如既往地要献给琳恩·霍伦·里斯,她是一位出色的城市史学家,也是我的学术伙伴,更是我五十多年来珍爱的妻子。

索 引

审图号：GS(2021)556 号
版权登记号：09－2018－925

图书在版编目(CIP)数据

城市：一部世界史/(美)安德鲁·里斯(Andrew Lees)著；黎
云意译.—上海：上海三联书店，2021.8
（城市史译丛）
ISBN 978－7－5426－6522－5

Ⅰ.①城… Ⅱ.①安…②黎… Ⅲ.①城市史－研究－世界
Ⅳ.①K915

中国版本图书馆 CIP 数据核字(2020)第 056206 号

城市：一部世界史

著　　者 / [美]安德鲁·里斯
译　　者 / 黎云意

责任编辑 / 郑秀艳
装帧设计 / 一本好书
监　　制 / 姚　军
责任校对 / 王凌霄

出版发行 / 上海三联书店
　　　　　 (200030)中国上海市漕溪北路 331 号 A 座 6 楼
邮购电话 / 021－22895540
印　　刷 / 上海展强印刷有限公司

版　　次 / 2021 年 8 月第 1 版
印　　次 / 2021 年 8 月第 1 次印刷
开　　本 / 710mm×1000mm　1/16
字　　数 / 150 千字
印　　张 / 8.75
书　　号 / ISBN 978－7－5426－6522－5/K·503
定　　价 / 48.00 元

敬启读者，如发现本书有印装质量问题，请与印刷厂联系 021－66366565